Le nom de la nature

PAR

NORMAN RUELL

Sommaire
Découvrez cederniertraditionnelpourle primairetemps ou tomber amoureux d'unvintageprivilégié partoutencore.

Dans le primitif "Saut nomade des vieux désirs, Chafing to custom's chain; De nouveau de son sommeil brumal Réveille la souche férine." Buck a faitmaintenant n'étudie plusles journaux, ou ilpourraitontreconnucele problème est devenubrassage,maintenant plus tout seulpour lui-même,toutefoispourchaqueeau de maréecanin,robustede muscle et avec chaleur,longuecheveux, de Puget Sound à San Diego. Carles mecs, tâtonnantà l'intérieur de lal'obscurité de l'Arctique, avaitdéterminéun métal jaune, etdû au faitbateau à vapeur et transportles sociétés ont étéen plein essor la trouvaille,des tas de gars ont accélérédans le Northland.

Cesmecsdésiréschiots, et lechiotselles ou ilssouhaités ont étélourdchiots, avectissus musculaires solides à traversqui travailler, etbroussailleuxmanteaux àbouclierеux du gel. Buck vivait dans unrésidence massive à l'intérieur duVallée ensoleillée de Santa Clara. Chez le juge Miller, c'estdevenu connu sous le nom de. Il s'est tenu deboutencorede la route,1/2 decachécertainsdes arbres,à traversqui entrevoitpeut battrede laextensifvéranda cool qui a fonctionnétourson4côtés. Larésidencedevenirapprochéà traversallées de gravier qui serpententà peu près étendu-épandage des pelouses etdessousles branches entrelacées des grands peupliers. À l'arrièreles choses ont étésur même unEn pluséchelle spacieuse quesur lede face. Làont été incroyablesécuries,dans lequelune douzaine de palefreniers et de garçons disputaient, des rangées de chaumières de serviteurs vêtues de vigne, unillimitéet un ensemble ordonné de dépendances,longuetonnelles de raisin,inexpérimentépâturages, vergers et parcelles de baies. Alorsil y a eul'usine de pompage pour l'artésiencorrectement, et lemassifréservoir de cimentdans lequelLes hommes du juge Miller ont plongé le matin etstockéecoolau chaudaprès midi. Et par-dessus çaincroyabledomaine Buck régnait. Ici ildevenirné, eticiil avait vécu le4années de samodes de vie. Cedevenirvrai, làont été différentsles chiots, Làne pouvait cependantêtredifférents chiotssur tellementextensifun lieu,toutefoisils ont faitmaintenant pluscompter. IlsVa là-baset est allé, a résidéà l'intérieur de lachenils peuplés, ou vivaient obscurémentà l'intérieur de larecoins de larésidenceaprès lestylede Toots, le carlin japonais, ou d'Ysabel, la mexicaine glabre,—créatures inconnuescepresque jamais positionnénarineà l'extérieurou mettre le pied àsol. SurL'opposémain, làont étéles fox-terriers, unévaluationd'entre eux au moins, qui ont jappédes garanties nerveuseschez Toots et Ysabelrecherchehors deles fenêtres de la maisonsur euxet gardé à traversune légion de bonnes armées de balais et de vadrouilles. Mais Buckdevenirnirésidence-caninni chenilcanin. LaAchevéeroyaumedevenirle sien. Il a plongé dans le bassin de natation ou est allérechercheavec les fils du juge; il a escorté Mollie et Alice, les filles du juge, surlonguerandonnées au crépuscule ou tôt le matin ; les nuits d'hiver il gisaitsur leJugeplus tôt quele feu rugissant de la bibliothèque ; il portait les petits-fils du juge sur sonencore, ou les a roulésà l'intérieur de laherbe,et protégéleurs pasà traversaventures sauvagestout le long jusqu'àla fontaineà l'intérieur du fortcour,ou mêmeau-delà,dans lequelles paddocksont été, et les plaques de baies. Parmi les terriers il traquait impérieusement, et Toots et Ysabel ilpleinementignoré, car ildevenirroi,—roi sur tout rampant, rampant, volantquestionsde la place du juge Miller,êtres humainsinclus. Son père, Elmo, unmassifSaint-Bernard,étaientl'inséparable compagnon du juge, et Buck enchéritvéridiqueàse conformer à l'intérieur de la manièrede son père. Ildevenir maintenant plussi grand,—il pesaitle plus efficace une centaineet40kilos,—pour sa mère, Shep,étaientun berger écossaiscanin.

Néanmoins,centet40kilos, auqueldevenirlivré la gloirequi vient dehabitation exacteetcommune apprécier, lui a permistenirlui-même danscorrectRoyalstyle. Pendant le4annéesvu queson enfance, il avait vécu lemodes de vied'un aristocrate rassasié ; il avait unqualité plaisiren lui-même,devenirmême un peu égoïste, commeétats-unis d'amériquede temps à autreleur situation insulaire. Mais il avaitstockéelui-mêmeà travers maintenant ne se transformant plus en une bagatellechoyérésidence-canin. Chasse et parentéà l'extérieurles délices avaientstockéevers le basgraisseset a durci sontissus musculaires; et à lui, quant auexsangue-courses de tubbing,l'affectionde l'eauétaientun tonique et unaptitudeconservateur. Et çadevenirlafaçondecaninmâledevenir à l'intérieur de laautomne 1897,alors quela grève du Klondike a traînéles mecsdetout le mondedans le Nord gelé. Mais Buck l'a faitmaintenant n'étudie plusles journaux, et il a faitmaintenant ne reconnais plusque Manuel,un deaides-jardiniers,devenirunindésirableconnais sance. Manuel avait un seul péché. Ilchérijouer à la loterie chinoise. De plus, dans son jeu, il avait une faiblesse obsédante -la religiondans ungadget; et cela rendait sa damnation certaine. Pour jouer ungadgetappels pour de l'argent,alors quele salaire d'un aide-jardinier faitmaintenant plustour sur levœuxd'unconjointetplusieursprogénit ure. Le jugedeveniràAssembléede l'Association des producteurs de raisins secs, etles hommes ont étéoccupé à organiser un événement sportifadhésion,aumémorablela nuitde la trahison de Manuel. Personneremarquélui et Buckéclater à traversle verger sur ce que Buck a imaginédevient simplementune promenade. Età l'exceptionun solitairemec,personne n'a remarquéils arriventsur lepetite station de drapeauappeléParc du Collège. Cettemecparlé avec Manuel, eten espèceschoquéparmileur.

"Tupeutemballerles produits plus tôt quevous me livrez ", l'étrangerdéclaréd'un ton bourru, et Manuel doublaun morceaude corde solidetourLe cou de Buckdessousle collier. "Tordre, un 'tu peuxétouffe-moi, "déclaréManuel, et l'inconnu grogna unpréparéaffirmative. Buck avaitcoutumierla corde avec une dignité tranquille. Pour être sûr, ildevenirune performance insolite :toutefoisil avaitdécouvertàd'accord avecdansles mecsil savait, etoffrirleurpointage de créditpour unsavoir-fairequi a atteint le sien. Maisalors queles bouts de la cordeont été positionnés à l'intérieur dumains d'un étranger, il grogna d'un air menaçant. Il avaitsimplementa laissé entendre son mécontentement, dans sonplaisircroyant qu'intimedevenircommander. Mais à sonmerveillela corde tenduetourson cou, coupant son souffle. Danscourtil a sauté de ragela personne, qui l'a rencontré à mi-chemin, l'a saisitout près d'icila gorge, et avec une torsion habile le jeta sur sonencore. Puis la corde s'est tendue sans pitié,alors queBuck se débattait dans une fureur, sa langue pendante hors de sa bouche et sonincroyablepoitrine haletante inutilement. Jamais dans tout sonmodes de vies'il avait été si ignoblement traité, eten aucun casdans tout sonmodes de vies'il avait été si en colère. Mais sonPuissancereflué, ses yeux vitreux, et il savaitpas n'importe quoilaenseigner devenirsignalé etles 2 mecsle jeta dans lebagagesautomobile. Lasubséquentil savait, ildevenirfaiblementconscientque sa languedevenirmal et qu'ildevenirêtre secouéaux côtés dedansquelques types deun moyen de transport. Le cri rauque d'une locomotive sifflant un passage à niveauinforméluidans lequelildevenir. Il avait voyagéausside façon régulièreavec le jugemaintenant plusàreconnaître le sentimentdeutilisantdans unbagagesautomobile. Il ouvrit les yeux, et en euxVa là-basla colère débridée d'unenlevéRoi. Lameclui sauta à la gorge,toutefoismâledevenieraussicourtpo ur lui. Ses mâchoires ferméesaumain, ils n'ont pas non plusdesserrer jusqu'àses sensont étéétouffé de luidès que supplémentaire. "Oui, a des crises,"la personne déclarée, cachant sa main mutilée au bagagiste, quiétaientattiréà traversles sons deguerre. "Je prends le patron pour 'Frisco. Un crackcanin-praticien de la santépense qu'il peut les guérir."la nuitc'est le tour,la personneparlaitmaximumavec éloquence pour lui-même, enun peuhangarencored'un saloonauFront de mer de San Francisco. "Tout ce que j'en reçois, c'est cinquante", grommela-t-il; "et jene serait pasrecommencez pour mille,exsanguede l'argent." Sa maindevenirenveloppé dans un mouchoir ensanglanté, et lecorrectjambe de pantalondevenirdéchiré du genou à la cheville. "Commentbeaucoupa faitL'opposétasse obtenir?" demanda le gardien du saloon. "Cent,"devenirlarépondre. "Je ne prendrais pas un soubeaucoup moins, alorsaidermoi." "Cela faitcentet cinquante, calcula le gardien du saloon, etil vaut vraiment bienou je suis une tête carrée." Le kidnappeur a défait les bandelettes sanglantes etvérifiésa main lacérée. "Si jene pasobtenir l'hydrophobe-" "Ce seradû au faittudevenirné pourtenir, rit le gardien du saloon. Tiens, donne-moi un coup de mainPlus tôt quevous tirez votre fret », illivré. Étourdi,malinsupportablede la gorge et de la langue, avec lemodes de vie1/2 deétranglé hors de lui, Buckessayé de se tenir deboutses bourreaux. Mais ildevenirrenversé et étouffé à plusieurs reprises,jusqu'àils ont réussi àsoumissionle lourd collier de laiton de son cou. Puis la cordedevenirsupprimé, et ildevenirjetédroit dans uncaisse en forme de cage. Là, il gisait pour lele restede la fatiguela nuit, nourrissant sa colère et blesséplaisir. Ilne pouvait pas reconnaîtreQueltoutcensé. Qu'est-ce qu'ils ontbesoinavec lui,ces mecs extraordinaires? Pourquoiont éteelles ou ilsconservationlui refoulésur ce minceCaisse? Il a faitmaintenant ne reconnais plusPourquoi,toutefoisil se sentait oppresséà traverslaexpérience indistinctedeimminentcalamité. Plusieurscas au cours delala nuitil a sauté sur sonles orteilsla porte du cabanon s'ouvrit en claquant,regarder pour être pairle juge, oules hommesau moins. Maisà chaque occasioncedevenirle visage bombé du saloon-keeper qui le dévisageaità traversle maladebénind'une chandelle de suif. Età chaque occasionlaà l'aiseaboiement qui tremblait dans la gorge de Buckdevenirtordudroit dans ungrognement sauvage. Mais le gardien du saloonAutoriserluitout seul, età l'intérieur de laMatin4garsentréet collectéla caisse. D'autres bourreaux, décida Buck, car ilsont étémauvais-recherchedes créatures en lambeaux et négligées ; et il a pris d'assaut et fait rage contre euxà traversles barres. Ilsle plus efficacea ri et lui a donné des coups de bâton, ce qu'iltout de suiteassailliavec son émail jusqu'àildécouvertque celadevenirce qu'ilsvoulu. Sur quoi il se coucha d'un air maussade et laissa la caisse être soulevéedroit dans unwagon. Puis lui, et la caisseoùildevenirdétenu,commencéun passageà traversplusieurs mains. Greffiersau sein du lieu de travail spécifiqueont prisfraisde lui; ildevenircharriéapproximativementdans tout autrewagon; un camion l'a transporté, avec unle recueildecontenants d'emballageet colis, sur un traversier à vapeur; ildevenirdébarqué du bateau à vapeurdroit dans un incroyabledépôt ferroviaire età la finildevenirdéposé dans unspécifiqueautomobile. Pendant des jours et des nuits cespécifiqueautomobiledevenirtraînéà côté de laqueue de locomotives hurlantes ; etpour 2jours et nuits, Buck ne mangeait ni ne buvait. Dans sa colère, il avait rencontréle primaireles avances de laspécifiquedes messagers avec des grognements,et qu'ilsavait ripostéà traversle taquiner. Quand il s'est jetécontrairement àles bars, frémissant et écumant, ils se moquaient de lui et le raillaient. Ils grognaient et aboyaient comme des détestableschiots, miaulaient et agitaient leursdes doigtset chanté. Cedevenirtous très idiots, il le savait ;cependant par conséquentlaEn plusoutrage à sa dignité, et sa colère ne cessa de croître. Il a faitmaintenant plus de penséeslafaminealorsbeaucoup,cependa nt la perte del'eauinduitluiextrême en difficultéet a attisé sa colère jusqu'à son paroxysme. D'ailleurs, nerveux et finement sensible, leun bien-êtrel'avait jetédroit dans unla fièvre, quidevenirnourrisà traverslainfectionde sa gorge et de sa langue desséchées et enflées. Ildeviens heureuxpour unaspect: la cordedevenirde son cou. Cela leur avait donné un avantage injuste ;toutefoismaintenant qu'ildevenirételnt, ilpourrait afficherleur. Ilsne pourrait en aucun casobtenirtout autrecordetourson cou. Là-dessus ildevenirrésolu. Pendant des jours et des nuits, il ne mangea ni ne but, etau cours de ceuxjours et nuits de tourments, ilcollectéun fonds de colère qui auguraitindisposépour celui qui est tombé le premier sur lui. Ses yeuxgrandi pour devenirinjecté de sang, et ildevenirmétamorphosédroit dans undémon furieux. Alorsmodifié devenirlui que le juge lui-mêmene pouvait plusontdiagnostiquélui; et lespécifiqueles messagers respiraient avecsoulagement après avoirl'a emportéapprendreà Seattle. Quatreles mecsdélicatement transporté la caisse du wagondroit dans unpetite, hauteencorecour. Un grosmec, avec unvioletpull qui tombait généreusementsur lecou,Va là-bassorti et signé leee-e livrepourla force motrice. Cedevenir la personne, Buck devina,la suitebourreau, et il se jeta sauvagementcontrairement àles barres. Lamecsourit tristement,et prisune hachette et unadhésion. « Tu ne vas pas le sortir maintenant ?la force motricea demandé. "Bien sûr,"la personnerépondu,équitationla hachette dans la caisse pour faire levier. Làdevenir un directdispersion de la4garsqui l'avait emporté, et desécuriséperché sursommetle mur ilsorganisé pour regarderla performance. Buck s'est précipitésur leéclater du bois, couler sonémailen elle, déferlant et luttant avec elle. Partout où la hache est tombéeaudehors, ildevenirlàauà l'intérieur, grondant et grognant, aussi furieusementénervantsortir commela personne à l'intérieur du violetchandaildevenir désinvolte parce queen le faisant sortir. "Maintenant, c'est à votre tourviolet-diable aux yeux," ildéclaré,alors queil avait faitun trou assezpour le passage de BuckCadre. Auégalmoment où il laissa tomber la hachette et déplaça leadhésionà soncorrectmain. Et Buckdevenir clairementunviolet-diable aux yeux, comme il se dessinaitcollectivementpour le printemps, les cheveux hérissés, la bouche écumante, un scintillement fou dans ses yeux injectés de sang. Directement àla personneilpubliéle siencentet40kilosde fureur, surchargée du refouléardeurde jours et de nuits.

En plein ciel,simplementcomme ses mâchoiresont été à peu près ferméssurla personne, ilacquisunsurprendrequi a vérifié soncadre et prisele sienen emailcollectivementavec un clip angoissant. Il se retourna, allant chercher lesolsur sonencoreet côté. Il avaiten aucun caséte frappéà traversunadhésiondans sonmodes de vie, et a faitmaintenant ne reconnais plus. Avec un grognement quidevenir élémentécorce etEn pluscrie-t-ilredevenir une fois de plussur sonorteilsetpubliédans l'air. Etune fois de pluslala surprise est arrivée iciet ilse présenterécrasante à lasol. Cette fois ilprendre consciencequ'ildevenirlaadhésion,toutefoisle sienfoliene connaissait aucune prudence. Une douzaineinstancesil chargea, et commede façon régulièrelaadhésioncassé lefraiset l'a écrasé. Après unsurtoutcoup féroce, il a rampé jusqu'à sonorteils, trop hébété pour se précipiter. Il chancela mollementapproximativement, le sang qui coule denarineet la bouche et les oreilles, sonjolipelage pulvérisé et tacheté de bave sanglante. Alorsla personne supérieureetintentionnellementlui assène un coup affreuxà la narine. Tous lesmalil avaita persistécommepas rien en comparaisonavec ledouleur énormede cela. Avec un rugissement quidevenir presquesemblable à un lion dans sa férocité, ilune fois de pluss'est jeté surla personne. Maisla personne,transférerlaadhésiondecorrect à gauche, froidementbloquéluià traversladessousmâchoire,à égalitéle temps se déchire vers le bas et vers l'arrière. mâledéfiniunensemblecercleà l'intérieur de laaérien, et1/2 dedetout autre, puis s'est écrasé sur lesolsur sa tête et sa poitrine. Pour leultimele temps qu'il se précipite. Lameca frappé leintelligentcoup qu'il avait volontairement retenudepuis si longtemps, et Buck s'est effondré et est descendu, a frappépleinementinsensé. "Il n'est pas en reste àcanin-roder',c'estque dis-je, "l'un des gars à las'écria le mur avec enthousiasme. « Drutherdétruirecayuses tous les jours, etDeux foisLes dimanches,"devenirlarépondredela force motrice, alors qu'il montaitauchariot etcommencéles chevaux. Les sens de Buckje suis revenuà lui,cependant maintenant plusle sienPuissance. Il gisaitdans lequelil était tombé, et de là il regardaitla personne à l'intérieur du violetchandail. " 'Réponses à laappelde Buck' "la personnesoliloque, citant la lettre du saloon-keeper qui avaitintroduitl'envoi de la caisse et de son contenu. "Eh bien, Buck, mon garçon," continua-t-il d'une voix cordiale, "nous avonseu notre petite ruction, et leaspectagréablenous sommes en mesure defaire est deAutorisercetraverserà ce. Vous avezdécouvertta place, et moireconnaîtremien. Êtreun chien génialet tout iraen traverset l'oietenirhaute. Être unhorrible canin, et je vais vous chasser la farce. C'est compris ?" Tout en parlant, il tapota sans craintele summumil avait si impitoyablement martelé, etquand mêmeLes cheveux de Buck se sont involontairement hérissés àContactezde la main, ila persistécesans pour autantmanifestation. Lorsquela personne présentéelui eau il a bu avidement, et plus tard boulonné unbienfaiteurrepas denon cuitViande,mâcher à mâcher, dela personnela main. Ildevenir submergé(il le savait);toutefoisildevenu maintenant plus endommagé. Ilremarqué,dès quepour tous, qu'il ne se tenait pasmenacer contre une personneavec unadhésion. Il avaitdécouvertla leçon, et dans tout son aprèsmodes de vieilen aucun casoublié. Cedevenir membreune révélation. Cedevenirle siencréationau règne du droit primitif, et il rencontracréationà mi-chemin. Lainformationsdemodes de viea pris un plus féroceélément; etalors queilconfrontéceélémentintimidé, ilconfrontéavecla totalité de lalatentruséde sa nature a suscité. Commeles tempsest alléà travers,différents chiots sont arrivés ici, dans des caisses etsur lebouts de cordes,quelquesdocilement etquelquesfurieux et rugissant comme il était venu; et, tous et chacun, il les a regardéspar sauter sous le royaumedela personne à l'intérieur du violetchandail. Encore etune fois de plus, comme ilvérifié chaqueperformance brutale, la leçondevenirpousséd omestiqueà Buck :une personneavec undevenir membreun législateur, unsaisirêtre obéi,même si maintenant plus toujoursconcilié. De celaultimemâledevenir en aucun cascoupable,quand mêmeil a vuchiots débordésqui adoraitla personne, et remuaient la queue, et léchaient sa main. Aussi ilremarquéunecanin,ça devraitni concilier ni obéir,à la fintuéà l'intérieur de la guerrepour la maîtrise. Maintenant etune fois de plus les gars sont arrivés ici, étrangers, qui parlaient avec enthousiasme, câlins, et en touttypes de modèlesàla personne à l'intérieur du violetchandail. Et à telcas où l'argent dépasse parmieux les étrangers ont pris un ouEn plusde lachiotsloin avec eux. mâleperplexe dans lequelils sont allés, car ilsen aucun cas je suis revenu;cependant le soucide lale destin devient robustesur lui, et ildevenez heureux en toute occasionildevenir maintenant pluschoisi. Pourtant son tempsVa là-bas,à l'intérieur de lafin,à l'intérieur de la formedeun peuaffaiblimecqui a crachéendommagéAnglaiset plein d'extraordinaireet les exclamations grossières que Buckne pouvait pas reconnaître. « Sacré-dam ! » il pleure,alors queses yeux se posèrent sur Buck. "C'est un barrage tyrancanin! Hein ? Combien moch?" "Trois cents, etun cadeauà ce,"devenirlaétincelle offrerépondredela personne à l'intérieur du violetchandail. "Et sembler"c'est l'argent des autorités, tu n'es pasont reçupas de coup de pied, hein, Perrault? Perrault sourit. Considérant que leévaluerdeles chiots étaienta explosé vers le cielà traversla demande insolite, ildevenir maintenant plusune somme injustepour ainsi la qualitéun animal. Le gouvernement canadienpourraitne sois pas perdant, nipourraitses dépêchestourle plus lent. Perrault savaitchiots, etalors queilvérifiéBuck, il savait qu'ildevenirun sur mille... "Un sur dix mille," commenta-t-il mentalement. mâleremarquécashbyskipaparmieux etdevenir maintenant plus émerveillé alors queFrisé,un génial-nature de Terre-Neuve, et ilont étéemmenéà traversle petit fainéantmec. Cedevenirlaultimeilremarquédela personne à l'intérieur du violetpull, et comme Curly et luivérifiés'éloignant de Seattle du pont du Narwhal, ildevenirlaultimeilremarquédele beau et le cosyTerre du Sud. Curly et luiont étéprisen dessous à traversPerrault etgrandi pour devenirvers un noirconfrontémassifconnu sous le nom deFrançois. Perraultdevenirun Canadien français, et basané ;toutefoisFrançoisdevenirun Canadien français1/2 de-race, etDeux foiscomme basané. Ilsont été un tout nouveau type de garsà Buck (dont ildevenirdestinés'appairerde nombreuxEn plus), etalors queilAvancéeaucune affection pour eux, il n'en a aucunebeaucoup moinsgrandivirtuellementàapprécierleu r. Ildécouvert en temps opportunque Perrault et Françoisont été des gars véridiques, Calme etindépendantdans l'administration de la justice, et aussiintelligentà l'intérieur de la manièredechiotsSe faire avoirà travers les chiots. Dans l'entrepont du Narwhal, Buck et Curly se sont jointsdifférents chiots. L'un d'euxdevenirunmassif, blanc comme neige du Spitzberg quiont été présentéune façonà traversun capitaine baleinier, et qui avait plus tardobservéune étude géologique dans les Barrens. Ildeveniramical, dans un traîtretype de manière, souriant à son visage lealors queilréfléchi quelques-unstour sournois, comme, par exemple,alors queil a volé chez

Buckrepasàle primairerepas. Alors que Buck bondit pour le punir, le coup de fouet de François chantaà traversl'air,accomplirladélinquantpremi ère; etpas n'importe quoiest resté à Bucktoutefoisàaller mieuxl'os. Cedevenir véridiquede François, il a décidé, et le1/2 de-élevercommencéle sienpoussée vers le hautdans l'estimation de Buck. Ladifférentcaninn'a fait aucune avance, niacquisn'importe quel; aussi, il a faitmaintenant n'essayez plus et n'empruntez plusde la part des nouveaux arrivants. Ildevenirun homme sombre et morose, et ilconfirméFriséil semble que tout le mondeildevenir favoriséêtre laissétout seul, et de plus, qu'il y apourraitêtreproblèmesi iln'ont plus étéla gauchetout seul. "Dave" ildevenu connu sous le nom de, et il mangeait et dormait, ou bâillaitparmi les instances, et a prisloisirdanspas n'importe quoi,maintenant plus même sile narval traversa le détroit de la Reine-Charlotte et roula, tangua et se cabra comme unaspectpossédé. Quand Buck et Curly se sont excités,1/2 desauvage avecinquiétude, il leva la tête commequand mêmeennuyé,voulud'un regard incurieux, bâilla et s'endormitune fois de plus. Jour etla nuitlalivrerpalpitait au rythme infatigable de l'hélice, etbien qu'un jour devienne tout semblable à tout autre, cedevenir évidentà Buck que lele climat se développe progressivementplus froid. Àultime, un matin, l'hélicedevenircalme, et le narvaldevenirimprégné d'unenvironnementd'excitation. Il le sentit, tout commeles chiots opposés, et savaitqu'une alternative devienneà portée de main. François les a mis en laisseet priseux sur le pont. Àla première étapesur leexsanguesurface, de Buckorteilsa coulédroit dans unblanchequelque chose de très semblable àboue. Il a jailliencoreavec un reniflement. Plus de ce truc blancdevenirchuteà traversl'air. Il se secoua,cependantextrade celui-ci est tombé sur lui. Il le renifla curieusement, puis léchaquelquessur sa langue. C'était un peu comme le feu, etla suiteimmédiate deviennedisparu. Cetteperplexelui. Iltentéceune fois de plus, avec leégalrésultat. Les spectateurs éclatèrent de rire, et il se sentit honteux, il savaitmaintenant pluspourquoi, pour çadevenirsa première neige.

Larégulationdeadhésionet le premier jour de Fang BuckauDyeabord de mer est devenucomme un cauchemar. Toutes les heuresest devenu plein de surpriseet surprise. Ilétait tout d'un coupsecoué de lacoeur coronairede la civilisation et jeté dans lefacteurs cardiaques coronariensprimordial. Pas de paresseux, bronzél'existence est devenuecela, avecpas n'importe quoifairetoutefoispain et s'ennuyer. Iciest devenuni la paix, nirelaxation, ni undeuxièmeest la sécurité. Toutest devenuconfusion et action, etchaque seconde d'existenceet membreont étéen peril. Làest devenu vitalêtreen continualerte; pources chiotsetles gars ne sont plus en villeles chiotsetles mecs. Ilsont étésauvages, tous, qui ne connaissaient pasréglementationcependant la réglementationdeadhésionet croc. Il avaiten aucun casvisiblechiotscombatcommeceuxcréatures loups se sont battues, et son premierprendre plaisirlui a appris une leçon inoubliable. Il estréel, ceest devenuun vicaireprendre plaisir, sinon ilne pouvait plusont vécu jusqu'àrevenu à l'aide dece. Friséest devenula victime. Ilsont étécampéproche dele magasin de bûches,dans lequelelle, en ellemanière agréable, fait des avances à un huskyl'échelle canined'un loup adulte,même simaintenant plus1/2 dealorsmassifcomme elle. Làest devenunonmise en garde,le plus pratiqueunrebondiren un éclair, unacierextrait dedent, unrebondirdehorsde la même manière rapide, et le visage de Curlyest devenudéchiré de l'œil à la mâchoire. Ceest devenule loupfaçondeempêcher, frapper etrebondirune façon;cependant il y a eu plusà cela que cela. Trente ou40huskies coururent sur place et encerclèrentParties belligérantesdans unraisonnementet cercle silencieux. Buck a faitmaintenant ne réalise pluscette intention silencieuse, ni lamanière viveavec laquelle ilsont étése léchant les babines. Curly a précipité son antagoniste, qui a frappéune fois de pluset bondit de côté. Il l'a rencontréesubséquentse rueravec sonpoitrine, dansun style bizarrequi l'a fait tomberpi. Elleen aucun casles a regagnés, ceest devenuce que les huskies spectateurs avaient attendu. Ils se sont rapprochés d'elle, grognant et jappant,et elle ou il est devenuenterré, hurlant d'agonie,sousla masse hérissée des corps. Alorsl'inattendu est devenuil, et si inattendu, que Buckest devenudécontenancé. IlremarquéSpitz a tiré sa langue écarlate dans unmanièreil avait de rire; et ilremarquéFrançois, balançant une hache, saute dans le désordre dechiots. Troisles mecsavecl'équipement de golf a aidélui de les disperser. Ça faisaitmaintenant plusprendrelongue. Deuxminutesà partir du moment où Curly est tombé, lefermeturede ses agresseursont étématraqué. Mais elle était là, molle etinutile à l'intérieur duneige sanglante et piétinée,presque en faitdéchiré àportions, le noir1/2 de-éleverstatutsur elle et jurant horriblement. La scènefréquemment obtenu ici en bas du dosà Buck àproblèmelui dans son sommeil. Pour queest devenulamanière. Nonvéridiquejouer. Une fois en bas, çaest devenulaquitterde toi. Eh bien, ilpourraitveiller à ce qu'ilen aucun casest descendu. Spitz a tiré la langue et a riune fois de plus, et à partir de làdeuxièmeBuck le détestait avec unacideet la haine sans mort. Avant qu'il ne se soit remis de lasurprise à cause dele décès tragique de Curly, ilobtenu une autre surprise. Françoismontésur lui unassociationde sangles et de boucles. Ceest devenuun harnais,ensemble avecil avaitvisibleles mariésplacé surles chevaux à la maison. Et comme il avaitvisibleles chevauxpeintures, donc ilest devenumis àpeintures, traînant François sur un traîneau jusqu'auzone boiséequi bordait la vallée, et revenait avec une charge de bois de chauffage. Bien que sa dignitéest devenugrandementnuire à l'aide de l'utilisation conséquenteétant fait animal de trait, ilest devenuaussiintelligentse rebeller. Il s'est attaché avec une volonté et a fait sonqualité,quand mêmeceest devenutout nouveau et étrange. Françoisest devenuarrière,dérangeantimmédiatl'obé issance, età l'aide d'un élément distinctifde son fouet recevantimmédiatobéissance;en même temps queDave, quiest devenuunqualifiéwheeler, pincé l'arrière-train de Buckchaque foisilest devenudans l'erreur. Loulouest devenule chef, de mêmequalifié, eten même temps queilne pouvait pas habituellementobtenir à Buck, il grogna une forte réprimande maintenant etune fois de plus, ou astucieusement jeté son poidsà l'intérieur des lignespour branler Buck dans lemanièreilil faut déménager. mâledécouvertfacilement, etdessouslaformation mixtede sonassociéset François a faitexcellentle progrès. Avant qu'ilsencorecamper il savaitsuffisantàempêcherà "ho,"se déplacer à l'avanceà "bouillie", balancervaste à lase plie, et àconserverpropredu rouleurtandis quele traîneau chargé dévalait la pente sur leurs talons. "T'reevair"bons chiots," FrançoisinforméPerrault. "Dat Buck, heem pool lak hell. Je tichheemqueek comme n'importe quoi." L'après-midi, Perrault, quiest devenudansune ruéeêtresur le chemin avec sondépêches,encoreavecplus grands chiots. "Billee" et "Joe" ilconnu commeeux, frères, etréelles huskieschaque. Fils dela seule maman même sielles ou ilsont été, elles ou ilsont étécommeuniquecomme le jour etla nuit. Le seul défaut de Billeeest devenule sienimmodéréla nature,en même temps queJoest devenutout le contraire,ameret introspectif, avec un grognement perpétuel et un œil malin. mâleobtenueux en camaraderiestyle, Daveexcluleur,en même temps queSpitz a commencé à battre le premieraprès quoi l'alternative. Billee remua la queue d'un air apaisant,est devenucourirtandis queilremarquécet apaisementest devenuen vain, et a pleuré (Néanmoinsapaisant)tandis queSpitz est pointudentmarqué son flanc. Maisoutre le fait quecomment Spitzs'est retourné, Joe tournatoursur ses talonsse tenir deboutlui, crinière hérissée, oreilles dresséeslombes, les lèvres se tordant et grognant, les mâchoires se coupantcollectivementcommerapideco mme ildevraitclaquement, et les yeux diaboliquement brillants - l'incarnation du belligérantinquiétude. Alorshorrible est devenule sienvoirce Spitzest devenu presserenoncer à le discipliner;toutefoisàcapotle sienpersonneldéconfit ilest devenusur l'inoffensif et gémissant Billee et le conduisit aux confins du camp.

ParnuitPerrault sécuriséun autre chien, unancienrauque,longueet maigre et décharné, avec un visage balafré et uncélibataireœil qui a clignoté unmise en gardede prouesse qui commandaitapprécier. Ilest devenu connu sous le nom deSol-leks,cela signifie quele Colère. Comme Dave, ildemandé rien, a donnépas n'importe quoi,prédit rien; ettandis queil marchait lentement etintentionnellementau milieu d'eux, même Spitz le laissa seul. Il avait une particularité que Buckest devenumalheureuxdécouvrir. Il a faitmaintenant je ne veux plusêtre approché par son côté aveugle. De cette offense Buckest devenuinvolontairement coupable, etles informations primairesil a eu de son indiscrétionest devenu pendantSol-leks se précipita sur lui et lui taillada l'épaule jusqu'à l'os pour3pouces de haut en bas. Pour toujours après Buckévitéson côté aveugle, et à lafermer leurla camaraderie n'avait pasplus grand problème. Le sienpratiqueévidentambition, comme celle de Dave,est devenuêtre laissé seul;quand même, comme Buckest devenu plus tardàrechercher,tousd'entre eux possédaientun extra voire un essentielambition. Cela nuitmâleconfrontélaproblème notablede dormir. La tente illuminéeà l'aide de l'utilisationune bougie, allumée chaleureusementà l'intérieur de laau milieu de la plaine blanche ; ettandis quelui, en tant queÊtre comptébien sûr, entré,chaquePerrault et François l'ont bombardé de jurons et d'ustensiles de cuisine,jusqu'àil se remit de sa consternation et s'enfuit ignominieusement vers l'extérieurexsangue. UNDétendez-vousventest devenusoufflant qui l'a mordu brusquement et a mordu avec un venin particulier dans son épaule blessée. Il s'est allongéauneige eta essayédormir,Cependant, legelrapidementl'a fait frissonner à sonpi. Misérable et désolé, il erraenviron certains desde nombreuses tentes,le plus pratiqueàLocaliserCelui-lala zone est devenuecommeexsanguecommeun autre. Ici et là sauvagechiotsse précipita sur lui,toutefoisil se hérissa les poils du cou et grogna (car ilest devenu étudiant rapidement),et qu'ils permettentluimouvementle sienmanièresans encombre. Enfin unconcept arrivé icià lui. Ilpourrait revenir en arrière et repérercomment sonéquipage personnel-associés ont étéfaire. A son grand étonnement,qu'ils auraientdisparu. Encore une fois, il a erréenviron jusqu'àlanotablecamp,cherchereux etune fois de plusilencore. Étaient-ilsà l'intérieur de latente? Pas çane pouvait pasêtre, sinon ilne pouvait plus être poussédehors. Alorsdans lequel devraitelles ou ilsProbablementêtre? Avec la queue tombante et des frissonsCadre, très désespéré en effet, il sans buts'est retournéla tente. Soudain la neige a donnémanière en dessousses pattes de devant et il s'affaissa. Quelque chose s'est tortillédessousle sienpi. Il a jaillilombes, hérissé et grondant,peur del'invisible et l'inconnu. Mais unagréablepetit cri le rassura, et il partitlombesenquêter. Une bouffée deChaufferl'air montait jusqu'à ses narines, et là, recroquevillédessousla neige dansun douilletballe, couchez Billee. Il gémit de manière apaisante, se tortilla et se tortillaà exposerle siendroitvolonté et intentions,ou mêmes'est aventuré, en guise de pot-de-vin pour la paix, à lécher le visage de Buckavec hisheatmoistlangue. Une autre leçon. Pour queest devenulamanièreils l'ont fait, hein ? mâleJ'espère que j'ai décidéun endroit, et avectonnesagitation et gaspillagetentatives'est mis à creuser uncreuxpour lui-même. En un clin d'oeilla chaleurde sonencadrélazone restreinteet ilest devenuendormi. Le jourétaient longset ardu, et il a dormi profondément et confortablement,quand mêmeil a grogné et aboyé et a lutté avecterriblerêves. Il n'a pas non plus ouvert les yeuxjusqu'àréveilléà l'aide de l'utilisationles bruits du camp éveillé. Au début il a faitmaintenant ne réalise plus dans quelilest devenu. Il avait neigétout au longlala nuitet ilest devenu absolumententerré. La neigecloisonspressé sur luichaquecôté, et unnotabledéferlement deinquiétudebalayéà traverslui-le soucide la natureaspectpour leattirer. Ceest devenuun signe qu'ilest devenuharcelerretour inférieurle sienexistence personnelleà la vie de ses ancêtres; Pour luiest devenuun civilisécanin, un indûment civilisécanin, et de sonprofitez personnellementne savait pasattireret doncne pouvait pasde lui mêmeinquiétudece. Latissus musculairesde soncadre complet rétrécispasmodiquement et instinctivement, les cheveux de son cou et de ses épaules se dressèrentquitter, et avec un grondement féroce il bonditimmédiatementjusqu'au jour aveuglant, la neige qui voleapproximativementlui dans un nuage clignotant. Avant d'atterrir sur sonpi, ilremarquéle camp blancse déroulerdehorsPlus tôt quelui et savaitdans lequelilest devenuet se souvenait de tout ce qui avaitdépassédepuis le moment où il est parti pour unmarcheavec Manuel aucreuxil avait creusé pour lui-mêmela nuit plus tôt que. Un cri de François a salué sonvoir. « Qu'est-ce que je dis ? » lacanin-force motricecria à Perrault. "C'est Buck pourcertaines recherches» Perrault hocha gravement la tête. En tant que courrier du gouvernement canadien, portantcritiqueexpédie, ilest devenu dérangeantàécurielachiots de qualité, et ilest devenu surtoutréjouià l'aide de l'utilisationlala possessionde Bouc. Troisplus grandles huskiesont été amenésauéquipageinterneune heure, faisantcompletde neuf, etplus tôt qu'une autre zoned'une heure avaitdépasséelles ou ilsont étédans le harnais et en balançant lechemin versle canon Dyea. mâleest devenu satisfaitêtre parti, etquand mêmelales peinturesdevinrentdifficilesilsituéIl a faitmaintenant plus spécialementle méprise. Ilest devenu émerveilléempressement quianimélaéquipage completet quiest devenului a été communiqué ;cependant, il est devenu plus soudainlaextraderforgé à Dave et Sol-leks. Ilsont étéNouveauchiots,entièrement converti à l'aide dele harnais. Toute passivité et insouciance avaient disparu d'eux. Ilsont étéalerte et actif,inquiétantque leles tableaux doivent se déplacer correctement, et farouchement irritable avec quoi que ce soit,à l'aide de l'utilisationou confusion, retardé quepeintures. Le labeur dulignesconsidéréeslaexcellentexpressio ndans leursêtre, et tout ce pour quoi ils vivaient et leaspect le plus pratique oùils se sont régalés. Davidest devenuroues ou traîneaucanin, en tirantle devantde luiest devenuBuck, alorsVa là-basSol-leks ; larelaxationde lal'équipage est devenutenduà l'avance,célibatairefichier, au chef, quila fonction est devenue entassée à l'aide de l'utilisationLoulou. mâleétaientà desseinsitué parmiDave et Sol-leksafin queilobtiendrait peut-êtreinstruction. Apteélèvequ'ilest devenu, elles ou ilsont été de mêmeprofesseurs compétents,ne permettant en aucun casqu'il s'attardelonguepar erreur, etexécutionleurencadrementavec leur tranchantdent. Davidest devenu véridique et vraiment intelligent. Ilen aucun casBuck pincésans pour autantcause, et ilen aucun caspincez-letandis queil se tenait dansvouloirde celui-ci. Comme le fouet de Françoissubventionnélui, Bucksituéce soitmoins cher à réparerle sienméthodesque de riposter. Une fois que,tout au longuncourtarrêt,tandis queilont reçuemmêléà l'intérieur des lignesetpas à l'heurele début,chaqueDave et Sol- leks se sont précipités sur lui et lui ont administréun légitimetromper. Laqui s'ensuitenchevêtrementest devenuencore pire,toutefoisBuck a prisdroitprendre soin depréserverlalignespropresaprès; et avant le jourdevenu accompli, alorscorrectementavait-il maîtrisé sonpeintures, le sienassociés environcessé de le harceler. Le fouet de François a claquébeaucoup moinsfréquemment, et même Perraultvénérémâleà l'aide de l'utilisationlevant sonet inspectant minutieusementleur. Ceest devenuundifficilejour de course, jusqu'au Canon,à traversCamp de moutons,au-delàles Balances et lesboisligne,à traversglaciers et congèreschargesdepiprofond, et sur lenotableChilcoot Divide, qui se dresseparmil'eau salée et lanettoyeret garde de façon interdisant lamalheureuxet le Nord solitaire. Ils ont fabriquédroittemps le long de la chaîne de lacs qui remplit les cratères des volcans éteints, eten retardcela nuittiré dans legrandcamper àhautdu lac Bennett,dans quels lotsdes chercheurs d'oront été construitsbateauxenverslagâcher-haut de la glaceà l'intérieur de lale printemps. Buck a fait soncreux à l'intérieur duneige et a dormi du sommeil de l'épuisé juste,toutefoistrop tôtest devenumis en dérouteà l'intérieur de l'exsangueténèbres et atteléavec ses associésau traîneau. Ce jour-là, ils ont fait40milles, lecheminêtre emballé;cependant la suitejour, etpour beaucoupjours à suivre, ils ont rompu leurchemin personnel,laborieuxplus dur, et a rendu le temps plus pauvre. En règle générale, Perrault voyageaità l'avancede laéquipage, emballant la neige avec des toileschaussurepour le fairemoins difficilepour eux. François, guidant le traîneausur legee-pole,à l'occasionéchangéEmplacementsavec lui,cependant maintenant plus fréquemment. Perraultest devenudansune ruée, et il était fier de soninformationsde glace, quil'information est devenueincontournable, pourl'automnela glaceest devenutrès mince etdans lequel il a été rapidel'eau,il y a eupas de glace du tout. Jour après jour, pendant des jours sans fin, Buck a peinéà l'intérieur des lignes. Toujours, ils ont rompu le campà l'intérieur de lasombre, etle gris primairedelever du soleilsituéils frappent lecheminavecnettoyerdes kilomètres parcourusà l'arrière deleur. Etd'habitudeils ont dressé le camp après la tombée de la nuit,consommantleurpeu depoisson et ramper pour dormir dans la neige. mâleest devenuvorace. La livre et un1/2 dede saumon séché au soleil, quiest devenusa ration pourtousjournée,considéré comme se déplaçantnulle part. Ilen aucun casavaissuffisant, et souffrait d'un perpétuelfamineaffres. Encoreles chiots alternatifs,dû au faitils pesaientbeaucoup moinsetont éténé à laexistence,obtenuune livrele plus pratiquedu poisson etcontrôléàpréserverdansdroitcondition. Ilégaré à la hâtela minutie qui avaitcaractériséle sienvintageexistence. Fin mangeur, ilsituéc'est le sienassociés,acheverd'abord, lui a volé sa ration inachevée. Làest devenunonprotégerce. Alors qu'ilest devenu empêchantéteint ou3, ceest devenudisparaître dans la gorge des autres. Àtraitementcela, il a mangé commerapidecomme ils; et doncsignificativementa

faitfamineobligez-le, iln'est plus devenuau-dessus de prendre ce qui a faitmaintenant pluslui appartenir. Il a regardé etdécouvert. Quand ilremarquéBrochet,un deNouveauchiots, unintelligentsimulacre et voleur, sournoisementvolerune tranche de bacontandis quede Perraultle bas du dos est devenu, il duplique leperformance globalela suitejour, s'en tirer avec leAchevéetronçon.
UNnotabletumulteest devenusoulevé,toutefoisilest devenuinsoupçonné;en même temps queDub,un maladroitgaffeur quiest devenu habituellementse faire attraper,est devenupuni pour le méfait de Buck. Ce premiervolmarqué Buck commematchàcontinuer à exister à l'intérieur de l'oppositionEnvironnement du Nordland. Cela a marqué sa capacité d'adaptation, sonaptitudeàmodifierlui-même àconvertirles conditions,la pénuriedontpourraitontsupposé rapideethorribledécès. Il marquait, en outre, la décadence ou le passage àportionsde sonéthiquenature, unaspect inutileet un handicapà l'intérieur de laimpitoyableconflitpour exister. Ceest

devenutoutsuffisamment à l'intérieur duTerre du Sud,dessouslarégulation de l'affectionet la fraternité, àapprécier les biens personnels et privéssentiments;cependant à l'intérieur duTerre du Nord,dessouslarégulationdeadhésionet croc, whoso a pris un telles questions à l'étude sont devenuesun imbécile, et dansà ce pointcomme ildécouverteux ilpourraitne parviennent pas à prospérer. Non pas que Buck l'ait raisonné. Ilest devenu match, ceest devenutout, et inconsciemment il s'est accommodéle tout nouveaumode deexistence. Tous ses jours,outre le fait quequelle chance, il avaiten aucun casfuir d'uncombat. Mais leadhésiondela personne à l'intérieur du rosechandail avaitsubmergéen lui unplus essentielet code primitif. Civilisé, ildevraitsont morts pour unéthiqueattention, disent la défense de la cravache du juge Miller ;Cependant, lel'intégralité de sa décivilisationest devenumaintenant mis en évidenceà l'aide de l'utilisationle siencapacité à s'échapperde la défense d'unéthiqueattentionet doncdonjonsa peau. Il a faitmaintenant plus voleurpourplaisirde celui-ci,cependant en raison dela clameur de sonventre. Il a faitmaintenant plusvoler ouvertement,toutefoisvolé secrètement et astucieusement, hors deapprécierpouradhésionet croc. Bref, lequestionsIl a faitont été accomplis car cela est devenu sans difficultéles faire quemaintenant pluspour les faire. Son évolution (ou régression)est devenurapide. Le sienles tissus musculaires sont devenus difficilescomme du fer, et il est devenu insensible à toushabituella douleur. Ilachevéunintérieur en plus de l'extérieuréconomie. Ildevrait consommern'importe quoi,outre le fait quecombien répugnant ou indigeste ; et,dès quemangé, le jus de sonventreextrait lefermeturemoindre particule de nutriment; et son sang l'a porté jusqu'aux confins de sonCadre,construiredans lele plus duret le plus solide des tissus. Vue etles parfums enivrants sont devenusremarquablement vif,en même temps quele sienécoute avancéeune telle acuitéque pendantson sommeil, il entendit le moindre son et sutque ce soit ou nonelle annonçait la paix ou le péril. Ildécouvertàtronçonla glaceensemble avec histoothwhileceaccumulé parmises orteils ; ettandis queilest devenusoif etil y a euune épaisse couche de glace sur l'eaucreux, ilpourrait gâcherceà l'aide de l'utilisationl'élevage etplacementavec les pattes antérieures raides. Le sienmaximumtrait remarquableest devenuuncapacitéàparfum capiteuxle vent et le prévoir unla nuità l'avance. NonÊtre comptécomme l'air est essoufflétandis queil a creusé son nidà l'aide de l'utilisationarbre ou banque, le vent qui a soufflé plus tardinévitablement situésous le vent, à l'abri et bien au chaud. Etmaintenant plus pratiqueest ce qu'ilrechercher à l'aide d'utiliser profiter,toutefoisl'instinctlongtemps sans vie sont devenusvivantune fois de plus. Les générations domestiquées lui ont succombé. Dansméthodes indistinctesil s'est souvenulombesaules jeunesde la race, au moment où le sauvagechiotsrangés en packsà traversle primitifzone boiséeet tuaient leur viande en la coulant. Ceest devenunonmissionpour lui dedécouvrir des façons de combattreavecréduireetréduireetle rapideclaquement de loup. Dans cefaçonavait combattu des ancêtres oubliés. Ils ont accéléré levintageexistenceintérieurlui, et leconseils vintagequiqu'ils auraientmarqué dans l'hérédité de la raceont étéle sienastuces. IlsVa là-basà luisans tentativeou de découverte, commequand mêmeelles ou ilsétaientle siend'habitude. Ettandis que,quand même sans effusion de sangnuits, il a pointé sonnarineàune célébritéet hurlélongueet semblable à un loup, ilest devenuses ancêtres,sans vieet la poussière, pointantnarineàGrand nomet hurlantà traversles siècles età traverslui. Et ses cadencesont étéleurs cadences, les cadences qui ont exprimé leur malheur et ce qu'ilsest devenulace qui signifiede la rigidité, et laexsangue, et sombre. Ainsi, en signe de ce qu'est une marionnetteaspectexistenceest lemusique historiquebonditä traverslui et luiVa là-basdans sonpersonnelune fois de plus; et ilje suis arrivé à cause du fait les garsavaissituéun jaunel'acier à l'intérieur duNord, etdû au faitManuelest devenuun aide-jardinier dont le salaire nemaintenant plustour sur levœuxde sonconjointet diverses petites copies de lui-même.

La bête primordiale dominante La bête primordiale dominantechangé en robustedans Buck, etdessousle férocesituationsdecheminexistenceil a grandi et grandi. Pourtant ilchangé enunmystèrecroissance. Le siennouvel enfantfoxylui a donné équilibre et contrôle. Ilchangé entrop occupé à s'adapterla toute nouvelle existenceàsensà l'aise, etmaintenant n'est plus le meilleurest ce qu'ilmaintenant ne choisissez pluscombats,toutefoisilempêchéleurcha que foispossible. UNBien surdélibérationcaractériséson attitude. Ilchangé enmaintenant ne risque plus detémérité et action précipitée; età l'intérieur de notrehaineparmilui et Spitz il ne trahit aucune impatience,tenu à l'écart detous les actes offensants. SurL'opposémain,selon toute vraisemblance du faitil devinait en Buck unrisquérival, Spitzen aucun cas égaréunpossibilitédeafficherle sienémail. Il est même sorti de sonmanièreintimider Buck, s'efforçantcontinuellement pour commencerlacombat qui peut le mieux s'arrêter à l'intérieur de la mort de 1ouL'opposé. Tôtà l'intérieur de la balade, cela pourraita prisenvironsl'avoirmaintenant plusété pour un accident insolite. Auquitterdeà l'heure actuelleils ont fait un sombre etdéprimantcampaurive du lac Le Barge. De la neige battante, un vent quiréduirecomme un blanc-chaleureusecouteau, et les ténèbres avaientcontraintqu'ils tâtonnent pour untentesenvirons. Ilspeut vouloir rarementont fait pire. Derrière eux s'élevait un mur de pierre perpendiculaire, et Perrault et Françoisont été forcésfaire leurfoyeretse déroulerleursomnolent à laglace du lac lui-même. La tentequ'ils auraientrejeté à Dyeadans le but de voyagerlumière. Quelques bâtons de bois flottéfournieux avecun foyerqui a dégeléà traversla glace et les a laissésdévorersouperà l'intérieur de l'obscurité. Fermer dansdessousle rocher abritant Buck a fait son nid. Alorsconfortableetla chaleur a changé ença, qu'ilchangé endégoûtpartircetandis queFrançoisallouéle poisson qu'il avait d'abord décongelé sur lefoyer. Maistandis quemâlecomplétésa ration etencore, ilobservéson nid occupé. UNmise en gardegronderinstruitlui que l'intruschangé enLoulou. Jusqu'à présent, Buck avaitempêché les tracas avec sonennemi,toutefoiscettechangé entrop. La bête en lui rugit. Il s'élança sur Spitz avec une fureur quiétonnétous les deux, et Spitz en particulier, pour sonse délecter complètementavec Buck avaitparti depuis longtempsàéduquerlui que son rivalchangé enunétrangementtimidecanin, quicontrôléàmaintenirle siengrâce àle sienexceptionnelpoids et taille. Françoischangé en émerveillé, aussi,après qu'ilstiré dans un enchevêtrement du nid perturbé et il a deviné lemotifde laproblèmes. "Aa-ah !" cria-t-il à Buck. « Si c'est bon,via des moyens deGar ! Gif it to heem, lecrasseuxbof !" Spitzchangé de la même manièreprêt. Ilchangé enpleurant de pure rage et d'impatience alors qu'iltourné vers l'arrière et vers l'avantpour unmenacesauter dedans. Buckchangé ennonbeaucoup moinsdésireux, et nonbeaucoup moinsprudent, car il a égalementtourné vers l'arrière et vers l'avantpour l'avantage. Mais ilchangé enalors que lesurprenantarrivé, lefacteurqui a projeté leurbataillepour la suprématieune certaine distancedans le futur,au-delàde nombreux kilomètres fatigués decheminet labeur. Un serment de Perrault, le retentissanteffetd'unadhésionsur une charpente osseuse, et un cri strident demal, annonçait l'éclatement du pandémonium. Le campchangé en brusquement déterminéêtre vivant avec la furtivitépoiluformes,-voraceles huskies,4ou5noted'entre eux, qui avaient flairé le camp dequelquesvillage indien. Ils s'étaient glissés dansen même temps queBuck et Spitzont empêché, ettandis que les 2 mecsa jailliparmiles avec du stoutéquipement de golfelles ou ilsconfirméleurémailet combattulombes. Ilsont étéfouvia des moyens delaparfumde larepas. Perraultobservéun avec la tête enfouieà l'intérieur de laver-récipient. Le sienadhésiona atterriprès de lacôtes maigres, et la bouffe-conteneurchangé ena chaviréauterrain. Sur lesur placeunévaluationdes brutes affaméesont étébrouillage pour le pain et le bacon. Laéquipement de golftomba sur eux sans qu'on s'en aperçoive. Ils criaient et hurlaientdessousla pluie de coups,toutefoisn'a lutté aucunbeaucoup moinsfollementjusqu'àlafinalmietteétaie ntdévoré. Dans leintérimairel'étonnégroupe-chiotsavait éclatédans leursnidsmeilleurêtre mis survia des moyens deles féroces envahisseurs. Jamais eu Buckvisibletelchiots. Ceconsidérécommequand mêmeleurs osforceéclatementà traversleurs peaux. Ilsont étéde simples squelettes, drapés lâchement dans des peaux traînées, avec des yeux flamboyants et des crocs asservis. Mais la faim-folieles rendait terrifiants, irrésistibles. Làchangé enpas de les opposer. Lagroupe-les chiots ont étébalayébas du dos en opposition àla falaise àle primairedébut. mâlechangé enassaillivia les moyens de3huskies, et en un clin d'œil sa tête et ses épaulesont étédéchiré et tailladé. Le vacarmechangé enaffreux. Billéechangé enpleurer commeOrdinaire. Dave et Sol-leks, dégoulinant de sang d'unévaluationde blessures,ont empêchébravementaspectvia moyen d'aspect. Jochangé enclaquer comme un démon. Une fois, sonémailferméaupatte avant d'un husky, et il s'est écraséà traversl'os. Pike, le simulacre, sauta sur l'animal estropié, lui brisant le cou avec unbreféclair deémailet un crétin, Buckont reçuun adversaire moussantvia des moyens dela gorge, etchangé enaspergé de sangtandis quele sienémaila couléà traversla jugulaire. Lasaveur de chaleurde celui-ci dans sa bouche l'a poussé àEn plusférocité. Il s'est jeté surtout autre, età l'identiquetemps ressentiémailsombrer dans sonpropregorge. Cechangé enSpitz, attaquant traîtreusement duaspect. Perrault et François, ayantessuyéesortir leurune partie dele camp,déplacé rapidementàdonjonleur traîneau-chiots. La vague sauvage des bêtes affamées a roulébas du dos plus tôt queeux, et Buck se libéra. Mais ilchangé en meilleurpour un moment. Lales gars ont été forcéscourirlombesàdonjonla bouffe, sur laquelle les huskiesencoreauagression au groupe. Billee, terrifié par la bravoure, bonditâ traversle cercle sauvage et s'enfuit sur la glace. Pike et Dubaccompagnésur ses talons, avec lerelaxationde lagroupe à l'arrière de. Comme Buck s'est dessinécollectivementpour bondir après eux, du bout de son œil ilremarquéSpitz fonce sur lui avec lebut flagrantde le renverser. Une fois hors de sonorteilsetdessouscette masse de huskies,il y a eunondésirpour lui. Mais il s'est accroché ausurprendrede la charge de Spitz, puis a rejoint le volauLac. Plus tard, le9groupe-chiotsaccruscollectivementet recherchéhavre de paix à l'intérieur du boisé. Bien qu'ils ne soient pas poursuivis, ilsont étédans une triste situation. Làchangé en maintenant plus personne qui a changé en maintenant plusblessé à4ou5sites,en même temps que quelques-uns ont étégrièvement blessé. Doublagechangé engrièvement blessé à une patte arrière; Dolly, lafinalrauquelivréaugroupeà Dyea, avait la gorge gravement déchirée; Jo avaitégaréun œil;en même temps queBillie, lecorriger-naturel, avec une oreille mâchée etloueraux rubans, a pleuré et gémittout au longlala nuit. Àaubeils boitaient prudemmentlombescamper, pourdécouvrirles maraudeursparti depuis longtempsetles 2 mecsdanshorribletempère. Pleinement1/2 deleur bouffelivrer changé en longtemps disparu. Les huskies avaient mâchéà traversles sangles de traîneau et les bâches. Dansvérité,pas n'importe quoi,indépendamment deà quel point mangeable, leur avait échappé. Ils avaient mangéun couplede l'orignal de Perrault-couverturemocassins, morceaux desouches à base de cuir,ou événementsde cil de laquitterdu fouet de François. Il s'arrêta d'une contemplation lugubre pourapparencesur ses blesséschiots. "Ah, mon ami," ildéclarédoucement, "mebbe it mek you madcanin, dosez plusieurs bouchées. Mebbe tout foucanin, sacré ! Tu penses pas, hein, Perrault ? » Le courrier secoua la tête d'un air dubitatif.4cent milles dechemin néanmoins parmilui et Dawson, ilvoudriez peut-être avoir les fonds pouravoirla foliefuite parmile sienchiots. Deux heures de jurons et d'effortsont reçules harnais en forme, et la plaie raidiele groupe a changé de manière ci-dessous,Souffrancedouloureusement sur lepartie la plus dure delachemin qu'ils auraient commencérencontrés, et pour celacompter le nombre, lales plus durs parmieux et Dawson. La rivière Thirty Miletransformé en vasteouvert. Son eau sauvage a défié le gel, et ellechangé en à l'intérieurtourbillonsmeilleuretà l'intérieur de lacalmeEmplacementsque la glace a tenu du tout. Six jours dedurlabeuront éténécessaire pourcapote ceuxtrentehorriblemilles. Ethorribleelles ou ilsont été, pourchaquepied d'euxchangé en mis à exécution sous la menacedeexistenceàcaninetmec. Une douzaineinstances, Perrault, flairant lemanièrecasséà traversles ponts de glace, étantstocké via des moyens delalongueperche qu'il portait, qu'il tenait tellement qu'elle tombaà chaque occasion tout au longlacreuxfabriquévia des moyens dele sienCadre. Maisun frileuxinstantanéchangé enallumé, le thermomètre enregistrant cinquanteen dessous dezéro, età chaque occasionil a casséà traversilchangé en forcé pour terriblement l'existenceàconstruire un foyeret sécher ses vêtements. Rien ne le rebutait. Cechangé en raison du fait que rienl'a découragé qu'ilont été sélectionnéspourles autoritéscourrier. Il a pris toutfaçonde risques, enfonçant résolument son petit visage affaissé dans le givre etSouffranceà partir de faiblelever du soleilàsombre. Il a contourné le froncement de sourcilsbords de mersur le bord de la glace qui pliait et craquaitdessouspied et sur lequel ils ont osémaintenant plusarrêt. Une fois, le traîneau s'est casséà travers, avec Dave et Buck,et qu'ils ont été 1/2 de- surgelés et touttoutefoisnoyépar la pointeelles ou ilsont ététraîné. Lafoyer normalchangé en vitalàdonjonleur. Ilsont été couvertssolidement avec de la glace, etles 2garsstockésleurauCoursà travers le foyer, la transpiration et la décongélation, doncà proximitéqu'ilsont étéroussivia des moyens deles flammes. ÀencoreSpitz est alléà travers, en faisant glisser legroupe completaprès luiautant queBuck, qui tendait vers l'arrière de toutes ses forces, ses pattes avantauglissantfacetteet la glace frémissant et cassant touttour. Maisà l'arrière deluichangé enDave, tendant également vers l'arrière, età l'arrière dele traîneauchangé enFrançois, tirantjusqu'àses tendons ont craqué. Encore une fois, la glace de la jante s'est détachéePlus tôt queetà l'arrière de, etil y a eunons'en aller en plusen haut de la falaise. Perrault l'a escaladévia des moyens deun miracle,en même temps queFrançois a prié poursimplementce prodige; et avecchaquelanière et traîneau d'arrimage et leenfin un peu deharnais erré dansune extensioncorde, lales chiots ont étéhissé, unvia des moyens deun, à la crête de la falaise. FrançoisVa là-basen hautfinal, après le traîneau et la charge. AlorsVa là-baslachercher une zonedescendre, quelle descentechangé en à la finfabriquévia des moyens delaRessourcede la corde, etla nuit observéeleurbas du dosrivière avec1 / 4d'un mille au crédit de la journée. Au moment où ils ont fait le Hootalinqua etcorrigerglace, mâlechangé en exécutédehors. Larelaxationde lales chiots ont étédans commesituation;toutefoisPerrault, pour se maquillerégarétemps,conduitleuren retardet tôt. Le premier jour, ilsinclustrente-5milles au Big Salmon;demaintrente-5extraau Petit Saumon; la0,33journée40milles, quilivréleurcorrectementen hauten direction deles cinq doigts. Chevreuilsles orteils n'ont plus étési compact etdur parce que les orteilsdes huskies. Le sien s'était adoucitout au long des diversgénérationspour la raison quejour sonfinalancêtre sauvagechangé enapprivoisévia des moyens deun troglodyte ou une rivièremec. Toute la journéelongueil boitait d'agonie, et campaitdès quefait, couché comme unsans viecanin. Affamé comme ilchangé en, ilpourrait maintenant ne plus circuleràacquérirsa ration de poisson, que Françoisnécessaire pour livrerà lui. Égalementcanin-force motricefrotté Buckorteilspour1/2 deune heuretous les soirsaprès le souper, et sacrifiait le haut de sespropremocassins à fabriquer4mocassins pour Buck. Cettechangé enunexceptionnelsoulagement, et Buckinvitémême le visage affaissé de Perraultcourberlui-même dansun sourireun matin,tandis queFrançois a oublié les mocassins et Buck s'est allongé sur seslombes, le sien4 orteilsagitant de manière attrayanteà l'intérieur de lal'air, et a refusé de bougersans pour autantleur. Plus tard, sonorteilsgrandidureauchemin, et lefatiguéle pied-outils changés enjeté. Au Pelly un matin, alors qu'ilsont étéattelé, Dolly, qui avaiten aucun cass'est fait remarquer pourquelque chose, est allébrusquementfou.

Elleintroduitsonsituation par le biais d'une extension, hurlement de loup déchirant quiexpédié chaque chienhérissé deinquiétude, puis jaillitdirectementpour Bouc. Il avaiten aucun cas visibleuncaninecrossfou, il n'en avait pas non plusobjectifàfolie d'inquiétude;maisil savait queici changé enhorreur, et s'enfuitloin dedans une panique. Tout de suite, il a couru, avec Dolly, haletant et écumant, unplaner à l'arrière de; nipeut vouloirellebénéficier àsur lui, alorsexceptionnelchangé ensa terreur, nipeut vouloirilpartirelle, alorsexceptionnelchangé ensonfolie. Il a plongéà traversla poitrine boisée de l'île, a volétout le long jusqu'àladiminuerquitter, traversé unlombescanaliserremballé avecdifficileglace àtout autreîle,gagné un 3eîlot, courbélombesàle primairerivière, et en désespoir de causea commencéàmouvementce. Etla totalité de latemps,quand mêmeIl a faitmaintenant plus d'apparence, ilpeut vouloir écouterson grondementsimplementuneplaner à l'arrière de. Françoisdénomméà lui1 / 4d'un mile et il a doublélombes,Néanmoinsunemonterdevant, haletant douloureusement pour de l'air etparamètretout sonla religiondans ce Françoispourrait garderlui. Lacanin-force motricea tenu lepoinçonen équilibre dans sa main, et alors que Buck tiraitau-delàlui lepoinçons'est écrasé sur la tête folle de Dolly. Buck chancelacontrairement àle traîneau, épuisé, sanglotant, impuissant. Cettechangé enSpitzpossibilité. Il sauta sur Buck, etDeux foisle sienémaila coulé dans son ennemi sans résistance et a déchiré et déchiré la chair jusqu'à l'os. Alors le fouet de François descendit, et Buck eut leplaisirdeen regardantLoulouacquérirle pire fouet commemaisadministré à l'une ou l'autre des équipes. "Un diable, c'est

Spitz," remarqua Perrault. "Un jour de barrage, heem keel dat Buck." "Dat Buck diables,"changé enréplique de François. "Tout de tam je regarde dat Buck jereconnaîtreavec certitude. Lissen :quelquesendiguermeilleurjour heem devenir fou lak hell an 'den heemmorsuredat Spitz tout en place et cracher heem sur la neige. Bien sûr. jereconnaître." Dès lors, ilchangé en lutte entreleur. Spitz, en tant que chef-caninetmentionné saisirde lagroupe, sentit sa suprématie menacéevia des moyens decetteinhabituelTerre du Sudcanin. Etinhabituelmâlechangé enà lui, pour deles différentsTerre du Sudchiotsil avait connu,maintenant pluson avaitéprouvédignement dans le camp et surchemin. Ilsont ététout trop doux,mort ci-dessousle labeur, le gel et la famine. mâlechangé enl'éxéption. Ilpersévéréeet prospéré, égalant le husky en force, sauvagerie etrusé. Puis ilchangé enun magistralcanin, et ce qui l'a faitrisqué changé enlavéritéque leadhésiondela personne à l'intérieur du violetchandail avait assommé tout courage aveugle et témérité de sonchoixpour la maîtrise. Ilchangé enpar excellencerusé,et vaattendre son heure avec unpersistancecechangé en rien beaucoup moinsque primitif. Cechangé eninévitable que leconflitpourla direction devraitviens. mâlevouluce. Ilvoulucecomme il s'est transformé ensa nature,dû au faitilétaientbien serrévia des moyens dece sans nom, incompréhensiblela satisfactionde lacheminet trace—quela satisfactionqui tientchiots à l'intérieur dulabeur à lafinalhaleter, ce qui les attire à mourir joyeusementà l'intérieur de laharnais, et brise leur cœur siils réduisenthors du harnais. Cettechangé enlala satisfactionde Dave comme roue-canin, de Sol-leks alors qu'il tirait de toutes ses forces ; lala satisfactionqui a pondumaintenird'entre eux àruinedu campement,retravaillereux deameret des brutes maussades à forcer, avides,audacieuxcréatures ; lala satisfactionqui les a stimulés toute la journée et les a laissé tomber au pas de camp àla nuit,leur permettant detomberlombessombres troubles et insatisfaits. Cettechangé enlala satisfactionqui a porté Spitz et lui a fait battre le traîneau-chiotsqui a gaffé et esquivéà l'intérieur des contraintesoucachéabsent au moment de l'attelageà l'intérieur de laMatin. De même ilchangé encettela satisfactionqui l'a faitinquiétudeBuck commeun probableconduire-canin. Et çachangé enChevreuilsla satisfaction, aussi. IlouvertementmenacéL'opposéc'estla gestion. Ilsuis arrivé parmilui et les shirks qu'ildevraitont puni. Et il l'a fait exprès. Unela nuit il y a euune forte chute de neige età l'intérieur de lamatin Pike, le simulacre, a faitmaintenant plusapparaître. Ilchangé enbien caché dans son niddessousun pied de neige. Françoisdénommélui et le chercha dansinutile. Loulouchangé enfou de colère. Il a fait rageà traversle camp, sentant et creusantchacunprobablementaux environs, grondant si effroyablement que Pike entendit et frissonna dans sa cachette-environs. Maistandis queilchangé enàfinaldéterré, et Spitz a volé sur lui pour le punir, Buck a volé, avecmêmerage, enparmi. Alorssurprenant changé enelle, et si astucieusementcontrôlé, ce Spitzchangé enprojeté en arrièreet rassisle sienorteils. Pique, quiétaienttremblant abjectement, pritcoeur coronaireà cette mutinerie ouverte, et sauta sur son chef renversé. Buck, à quihonnêtejouerchangé enun code oublié, a également jailli sur Spitz. Mais François, en riantsur leincidenten même temps que fiable au sein de la directionde la justice,livréson coup de fouet sur Buck de toutes ses forces. Cetten'a pas alimentéBuck de son rival prostré, et la crosse du fouetchangé enlivréen jeu. Demi-bouleversé via moyen dele coup, Buckchangé enrenversé et le fouet posé sur luiune fois de plusetune fois de plus,en même temps queSpitz a sévèrement puni letypiquementoffenser Pike. Dansles tempsceaccompagné, alors que Dawson grandissaitplus prèsetplus près, Mâlenéanmoins persistéàintervenir parmiSpitz et les coupables;toutefoisil l'a fait astucieusement,tandis queFrançoischangé enmaintenant n'est plus rond, Avec la mutinerie secrète de Buck, unbien connul'insubordination a surgi et s'est accrue. Dave et Solleksontoténon affecté,cependant la relaxationde lagroupeest parti dehorribleau pire. Des chosesne pasest allécorrect. Làchangé enchroniquese chamailler et se chamailler. Difficultéchangé en permanenceà pied,

et àle plus basde celui-cichangé enMâle. IlstockéeFrançois occupé, pour lecanin-force motrice changée endanscohérentappréhension de laexistence-et-bataille mourante parmi les 2qu'il connaissaitbesoin deprendreproximitéplus rapideou plus tard; et surquelques nuitsles sons des querelles et des conflitsles différents chiots sont devenuslui hors de sonsommeilpeignoir,effrayéque Buck et Spitzont étéà elle. Mais lepossibilitéa faitmaintenant plus de cadeaului-même,et qu'ilsarrivé à Dawson un après-midi maussade avec lecombat exceptionnel néanmoinsvenir. Iciont étéde nombreuxles mecs, etchiotsinfinis, et Buckobservé tousàpeintures. Ceconsidéréł'ordre ordonnéde facteursceчiotsrecherchéspeintures.
Toute la journée, ils se sont balancés de haut en basl'avenue principaledanslongueéquipes, etdans la nuitleurs grelotsNéanmoinsest allévia des moyens de. Ils transportaient des bûches et du bois de chauffage, transportaientautant queles mines, et a fait toutmode de travailque les chevaux ont faità l'intérieur de laVallée de Santa Clara. Ici et là, Buck a rencontré

Southlandchiots,cependant à l'intérieur du majorelles ou ilsont étéla race husky de loup sauvage. Tousla nuit, régulièrement, à9, à midi, à3, ils ont levé un nocturnePiste,un insoliteet un chant sinistre,oùcechangé enChevreuilsla satisfactionjoindre. Avec les aurores boréales qui flamboient froidement au-dessus de nos têtes, oules célébrités sautant à l'intérieur dula danse du givre, et la terre engourdie et geléedessousson manteau de neige, cePistedes huskiesaurait pu êtrele défi deexistence,meilleurcechangé enaccordé en tonalité mineure, aveclongue-gémissements dessinés et1/2 de-sanglots, etchangé enextrala plaidoirie deexistence, le travail articulé de l'existence. Cechangé enunvintagetrack,vintageparce que lese reproduire—un depremières chansons dele plus jeuneglobaldansun après-midiChansonsont ététriste. Cechangé eninvestie du malheur d'innombrables générations, cette plaintevia des moyens dequel mâlechangé enalorsétonnammentremué. Quand il gémissait et sanglotait, ilchangé enavec lemalderésidantcechangé endeancienlamalde ses pères sauvages, etla préoccupationetThriller en francaisde laexsangueetsombrecechangé enpour euxinquiétudeetThriller en francais. Et qu'ildevraitêtre remuévia des moyens decela marquait la complétude avec laquelle il écoutaitretour inférieurlaun long momentdefoyeret le toit jusqu'aunon cuitdébuts deexistence au sein de lahurlementun long moment. Sept jours à partir du moment où ils sont arrivés à Dawson, ils ont descendu la pente raideinstitution financière par le biais de moyens dela caserne jusqu'au sentier du Yukon, et tiré pour Dyea et l'eau salée. Perraultchangé en portantexpédie siquelque chose d'extrapressantqueceuxil avaitlivrédans; égalementvoyagesatisfactionl'avait saisi, et il avait l'intention de faire lefileridede l'année. Plusieursles questions désiréeslui en cela. La semainerelaxationavait récupéré lechiotsetpositionnéeux en pleine garniture. Lachemin qu'ils ont endommagédans lenous avons changé enemballédifficile via moyen devoyageurs ultérieurs. Et plus loin, la police avaitorganisédans ou3sitesdépôts de larve pourcaninetmec, et ilchangé en voyagelumière. Ils ont fait Sixty Mile,C'estune course de cinquante milles, surle primairejournée; etle deuxièmejournéeremarquéils font exploser le Yukoncorrectementsur leurmanièreà Pelly. Mais telsuperpromenadechangé enfaitmaintenant plusavecdes tracas exceptionnelset vexationdans une partie deFrançois. L'insidieuxrébellionLEDvia des moyens deBuck avait détruit lecohésionde lagroupe. Cepas changé encomme unechien sautant dans les souches. Les encouragements que Buck donna aux rebelles les conduisirent dans tousformes depetits délits. Nonéchangé enLoulouun précurseur essentiellementà craindre. Laancienla crainte est partie,et qu'ilsgrandimêmeàdurson autorité. Pike lui a volé1/2 deun poissonla nuit, et l'avaladessouslasécuritéde Bouc. Une autrela nuitDub et Joe ont combattu Spitz et lui ont fait renoncer à la punition qu'ils méritaient. Et même Billee, lecorriger-naturel,changé en beaucoup moins correct-naturé et gémitmaintenant plus1/2 deaussi apaisant qu'autrefois. mâleen aucun cas arrivé ici près deLoulousans pour autantgrondant et se hérissant de manière menaçante. Dansvérité, le siencomportements'est approché de celui d'un tyran, et ilchangé enporté à se pavaner de haut en basPlus tôt queLe nez même de Spitz. La décomposition dematièrea également affecté lales chiots des membres de leur familleavec unetout autre. Ils se sont disputés et se sont chamaillésEn plusque jamaisparmieux-mêmes,jusqu'ààinstancesle campchangé enun chahut hurlant. Dave et Sol-lekspar moi-mêmeinchangé,quand mêmeelles ou ilsont étérendu irritablevia des moyens delasans finchamailleries. François a juréinhabitueljurons barbares, et frappa la neige avec une rage futile, et s'arracha les cheveux. Son cilchangé enfaisant continuellement une chansonles différents chiots,toutefoiscechangé ende petit profit. Directement sonle bas du dos est devenuelles ou ilsont étéà elleune fois de plus. Ilsubventionnéjusqu'à Spitzavec sonfouet,en même temps quemâlesubventionnéen haut dele restede lagroupe. François savait qu'ilchangé enà l'arrière de tous les tracas, et Buck savait qu'il savait;toutefoismâlechangé enaussiintelligentdéjàune fois de plusêtrecoincéviolet-mains. Illaborieuxfidèlementà l'intérieur de laharnais, car le labeur avaits'avérer êtreunla satisfactionà lui;maiscechangé enunextrasatisfactionsournoisement pour précipiter uncombattre entrele siencopainset emmêler lesouches. A l'embouchure du Tahkeena, unla nuitaprès le souper, Dubest devenuun lapin en raquettes, l'a gaffé, etignoré. Dans un2dlagroupe complet transformé endansAchevéecri. A une centaine de mètreschangé enun camp de la Police du Nord-Ouest, avec cinquantechiots, huskies tous, qui se sont joints à la chasse. Le lapin a filé sur la rivière,est devenuà l'arrêtdroit dans unpetit ruisseau, jusqu'à la geléele matelasdont il a tenu régulièrement. Il courutdoucement au solde la neige,en même temps quelachiotslabouréthruvia moyen de moyen de majeurforce. Buck a dirigé le%, soixanterobuste,tourvirage après virage,toutefoisilne pouvait pas bénéficier. Il se coucha à la course, gémissant avidement, songrandcadreclignotant en avant,s'envoler,à l'intérieur de laclair de lune blanc pâle. Ets'envoler, Commeun peu fanéspectre de givre, le lapin en raquettes fila devant lui. Tout ce remue-ménage deancieninstincts qui àlesdits intervallesdisquesles mecshors du sondageles villesàzone boiséeetFaciletuerles questions via des moyens deplombs propulsés chimiquement, la soif de sang, laplaisirtuer - tout celachangé enChevreuils,meilleurcechangé eninfinimentEn plusintime. Ilchangé enallant àle summumde la%,ambulantle sauvagefacteurvers le bas, lerésidantviande, tueravec son propre émailet laver son museau jusqu'aux yeux dansChaufferdu sang. Il y a une extase qui marque le sommet deexistence, etpasséquil'existence ne peut pasmonter. Et tel estl'anomaliederésidant, cette extase vienttandis quel'un estmaximumvivant, et il vient comme unensemblel'oubli que l'on est vivant. Cette extase, cet oubli derésidant,impliquel'artiste,bloquéhors de lui-même dans une nappe de flammes ; ceimpliquele soldat,lutte-fou sur unsujet troubléet quartier refusant ; et celaVa là-basà Buck,principalela%, sonnant leanciencri de loup, tendu après lerepascechangé envivant et qui s'est enfuiplus tôt que prévuluià traversle clair de lune. Ilchangé ensondant les profondeurs de sa nature, et de laComposantsde sa nature queont étéplus profond que lui, allantlombesdans le sein du Temps. Ilchangé enmaîtrisévia des moyens dele pur déferlement deexistence, le raz de marée de l'être,le plaisir convenable de chaqueséparer le muscle, l'articulation et le tendon en ce qu'ilchangé dans tout le lotcechangé enmaintenant ne mourant plus, qu'ilchangé enilluminé et rampant, s'exprimant en mouvement, volant avec exultationsous les célébritéset sur le visage denuméro de compte sans vieça a faitne circule plus maintenant. Mais Spitz,exsangueet calculant jusque dans sonle meilleurhumeurs, a quitté le%etréduire partoutunmincecou de terredans lequelle ruisseau a faitune extensionplieztour. Buck a faitmaintenant ne reconnais plusde cela, et alors qu'il tournait le virage, le spectre de givre d'un lapinNéanmoinsvoletantPlus tôt quelui, ilremarqué aucun autreetgrandspectre de givremonterdu surplombinstitution financièredans lesur placeparcoursdu lapin. Cechangé enLoulou. Le lapinne pouvait pastour,et parce que leblancheémailcassé sonlombesdans les airs, il a crié aussi fort qu'untroubledguycan aussi en pluscri. Au son de cela, le cri de la Vie plongeant du sommet de la Vieà l'intérieur de lapoigne de la mort,l'automne%sur les talons de Buck a soulevé un enfers'abstenirdela satisfaction. Buck a faitmaintenant plusexclamer. Il a faitmaintenant ne regarde pluslui-même,toutefoisa foncé sur Spitz, épaule contre épaule, alorsdurequ'ilignoréla gorge. Ils ont rouléencore et encore à l'intérieur duneige poudreuse. Louloua gagnéle sienles orteils presquecommequand mêmeil avaitmaintenant plusété renversé, coupant Buck à l'épaule etsauterdégager. Deux fois sonémailcoupécollectivement,tout comme le métalmâchoires d'un piège, alors qu'ilsubventionnéabsent pourplus hautpied, avec des lèvres maigres et soulevées qui se tordaient et grondaient. En un éclair, Buck le savait. L'heure avait sonné. Cechangé enaumourant. Comme ilstournéenviron, grondant, oreilles poséeslombes, attentif à l'avantage, la scèneVa là-basà Buck avec unse sentirde familiarité. Ilconsidéréàenvisagertout, les bois blancs, et la terre, et le clair de lune, etles joiesde bataille. Au-dessus de la blancheur et du silence couvait un calme fantomatique. Làchangé enmaintenant plusle moindre murmure d'air—pas n'importe quoidéplacé,maintenant plusune feuille tremblait, levusouffles dechiotsen pleine croissancelentement et longuementà l'intérieur de laair glacial. Ils avaient faitpeintures rapidesdu lapin raquette,ces chiotsceont été malades-loups apprivoisés ;et qu'ils ont étémaintenant dressé dans un cercle d'attente. Eux aussi,ont étésilencieux, leurs yeuxmeilleur pétillantet leurs souffles dérivant lentement vers le haut. Pour le buckchangé en riennouveau ouinhabituel, cette scène deancientemps. Cechangé encommequand mêmecela acontinuellementété, la coutumemanière de facteurs.

Loulouchangé enun combattant aguerri. Du Spitzbergà traversl'Arctique, età traversCanada et les Barrens, il avait tenu sonpropreavec toutfaçondechiotsetFinià les maîtriser. Fureur amèrechangé enle sien,cependant en aucun casrage aveugle. Dansardeurdéchirer et détruire, ilen aucun casoublié que son ennemichangé endans commeardeurdéchirer et détruire. Ilen aucun casprécipitéjusqu'àiltransformé en organiséàacquérirune ruée;en aucun casattaquéjusqu'àil avait d'abord défenduassaut. DansinutileBuck s'est efforcé de couler sonémail à l'intérieur ducou duénormeblanchecanin. Partout où ses crocs ont frappé pour la chair plus douce, ilsont étécontrévia des moyens deles crocs de Spitz. Le croc s'est heurté au croc et aux lèvresont été réduitset des saignements,toutefoismâlene pouvait paspénétrer la garde de son ennemi. Puis il s'échauffe et enveloppe Spitz dans un tourbillon de rushes. Le temps et l'heureune fois de plusiltentépour la gorge blanche comme neige,dans quelle existencebouillonnaitproche deausol, età chaque occasionetchaque foisSpitz l'a lacéré etont reçuune façon. Alors Buck s'est mis à se précipiter, commequand mêmepour la gorge,tandis que,brusquementdessinlombessa tête et se courbant depuis leaspect, ilpuissanceson épaulesur leépaule de Spitz, comme un bélierria des moyens dequi pour le renverser. Mais à la place, l'épaule de Buckchangé enabattuà chaque occasioncomme Spitz sautaitdoucementune façon. Loulouchangé enintact,en même temps quemâlechangé enruisselant de sang et haletantdure. Lacombat transformé en développementdésespéré. Ettout cela en même temps quele cercle silencieux et loup attendaitcomplétersur n'importe quelcaninest descendu. Alors que Buck devenait essoufflé, Spitz s'est mis à se précipiter, et ilstockéeluiimpressionnantpour le pied. Une fois que Buck est passé, et leAchevéecercle des soixanteles chiots ont commencéen haut;toutefoisil s'est remis,presquedans les airs, et le cercle s'est effondréune fois de pluset attendu. Mais Buck possédait unexcellentce qui fait la grandeur : l'imagination. Il s'est battuvia des moyens deinstinct,toutefoisilpeut vouloir combattre via des moyens detête commecorrectement. Il se précipita, commealeven pensantlaancientour d'épaule,cependant sur la finale sur le spotbalayé bas à la neige et dans. Sonémailfermé sur la patte avant gauche de Spitz. Làchangé enun craquement d'os brisé, et le blanccaninconfrontélui sur3les jambes. Trois fois iltentépour le renverser, puis a répété le tour et a cassé lecorrectjambe avant. Malgré lemalet d'impuissance, Spitz luttait follement pourpréserveren haut. Ilremarquéle cercle silencieux, avecpétillantyeux, langues pendantes et souffles argentés dérivant vers le haut,finalsur lui comme il l'avaitvisiblecomparablecerclesà proximitédans surécraséantagonistesà l'intérieur de l'au-delà. Seulement cette fois ilchangé en le seulquichangé en écrasé. Làchangé ennondésirpour lui. mâlechangé eninexorable. Miséricordechangé enunfacteurréservé aux climats plus doux. Il a manœuvré pour lele tout dernierse ruer. Le cercle s'était resserréjusqu'àilpeut vouloir sentirles souffles des huskies sur ses flancs. Ilpeut vouloirles voir,passéSpitz et àles deux aspects,1/2 deaccroupis pour le printemps, leurs yeuxconstantsur lui. Une pauseconsidérétomber. Chaque animalchangé en immobilecommemême si c'est devenuà la pierre. Seul Spitz tremblait et se hérissait alors qu'il titubaiten arrière et en avant, grondant avecterriblemenace, commequand mêmeeffrayerdessin fermé. Alors Buck a sauté dans et hors;cependant en même temps queilchangé endans, l'épaule avait àfinalcarrément rencontré l'épaule. Lasombrecercleest devenuun pointauneige inondée de lune alors que Spitz disparaissait de la vue. Buck se leva etest apparusur leun succèschampion, la bête primordiale dominante qui avait fait sa mise à mort etobservécecorriger.

Qui a gagné à la maîtrise

"Eh? Qu'est-ce que je dis? Je suis vrai quand je dis que Buck deux démons." Ce fut le discours de François le lendemain matin lorsqu'il découvrit Spitz disparu et Buck couvert de blessures. Il l'attira vers le feu et par sa lumière les désigna.

"Ce Spitz se bat comme un enfer", a déclaré Perrault en examinant les déchirures et les coupures béantes.
"Un 'dat Buck combat lak deux enfers", fut la réponse de François. "Et maintenant, nous faisons du bon temps. Plus de Spitz, plus de problèmes, bien sûr."
Pendant que Perrault emballait l'équipement du camp et chargeait le traîneau, le conducteur de chien procédait à l'attelage des chiens. Buck a trotté jusqu'à la place que Spitz aurait occupée en tant que chef; mais François, ne le remarquant pas, amena Sol-leks à la position convoitée. À son avis, Sol-leks était le meilleur chien de tête qui restait. Buck bondit sur Sol-leks avec fureur, le repoussant et se tenant à sa place.
« Hein ? hein ? s'écria François en se tapant allègrement sur les cuisses. "Regardez ce Buck. Heem keel dat Spitz, heemt'ink to take de job."
« Vas-y, Chook ! cria-t-il, mais Buck refusa de bouger.
Il a pris Buck par la peau du cou, et bien que le chien ait grogné de manière menaçante, l'a traîné de côté et a remplacé Sol-leks. Le vieux chien n'aimait pas ça et montrait clairement qu'il avait peur de Buck. François était obstiné, mais

quand il a tourné le dos, Buck a de nouveau déplacé Sol-leks, qui n'était pas du tout réticent à partir.
François était en colère. « Maintenant, par Gar, je te vois ! » cria-t-il en revenant avec une lourde massue à la main.
Buck se souvint de l'homme au chandail rouge et recula lentement ; il n'a pas non plus tenté de charger lorsque Sol-leks a de nouveau été avancé. Mais il a tourné juste au-delà de la portée du club, grondant d'amertume et de rage ; et pendant qu'il faisait le tour, il surveillait la massue de manière à l'esquiver si François la lançait, car il était devenu sage dans le domaine des massues. Le chauffeur a fait son travail et il a appelé Buck lorsqu'il était prêt à le mettre à son ancienne place devant Dave. Buck recula de deux ou trois pas. François le suivit, sur quoi il recula de nouveau. Au bout d'un certain temps, François a jeté le club, pensant que Buck craignait une raclée. Mais Buck était en révolte ouverte. Il voulait, non pas échapper à un clubbing, mais avoir le leadership. C'était son droit. Il l'avait mérité, et il ne se contenterait pas de moins.
Perrault a pris la main. A eux deux, ils le coururent pendant près d'une heure. Ils

lui ont lancé des matraques. Il a esquivé. Ils l'ont maudit, ainsi que ses pères et mères avant lui, et toute sa semence à venir après lui jusqu'à la génération la plus éloignée, et chaque poil sur son corps et goutte de sang dans ses veines ; et il a répondu à la malédiction par un grognement et s'est tenu hors de leur portée. Il n'a pas essayé de s'enfuir, mais s'est retiré autour et autour du camp, annonçant clairement que lorsque son désir serait satisfait, il entrerait et serait bon.

François s'assit et se gratta la tête. Perrault regarda sa montre et jura. Le temps filait et ils auraient dû être sur la piste depuis une heure. François se gratta à nouveau la tête. Il la secoua et sourit timidement au coursier, qui haussa les épaules en signe qu'ils étaient battus. Alors François monta à l'endroit où se tenait Sol-leks et appela Buck. Buck a ri, comme rient les chiens, mais a gardé ses distances. François détacha les traces de Sol-leks et le remit à sa place. L'équipe se tenait attelée au traîneau dans une ligne ininterrompue, prête pour la piste. Il n'y avait pas de place pour Buck sauf à l'avant. Une fois de plus François a appelé, et une fois de plus Buck a ri et s'est tenu à l'écart.

"T'row down de club", ordonna Perrault.

François s'exécuta, sur quoi Buck trottina, riant triomphalement, et se mit en position à la tête de l'attelage. Ses traces furent attachées, le traîneau sorti et, les deux hommes courant, ils se précipitèrent sur le sentier de la rivière.

Tout comme le conducteur de chien avait préévalué Buck, avec ses deux démons, il a découvert, alors que le jour était encore jeune, qu'il avait sous-évalué. Au bout d'un moment, Buck assuma les fonctions de chef ; et là où il fallait du jugement, de la vivacité d'esprit et de la vivacité d'action, il se montrait le supérieur même de Spitz, dont François n'avait jamais vu d'égal.

Mais c'est à donner la loi et à faire en sorte que ses camarades la respectent, que Buck excellait. Dave et Sol-leks n'ont pas été gênés par le changement de direction. Ce n'était pas leurs affaires. Leur affaire était de peiner, et de peiner puissamment, dans les traces. Tant que cela n'était pas interféré, ils ne se souciaient pas de ce qui arrivait. Billee, le bonhomme, pouvait diriger pour tout ce qu'ils voulaient, tant qu'il maintenait l'ordre. Le reste de l'équipe, cependant, était devenu indiscipliné au cours des derniers jours de Spitz, et leur surprise était grande maintenant que Buck avait commencé à les mettre en forme.

Pike, qui tirait sur les talons de Buck et qui n'appuyait jamais une once de plus de son poids sur la poitrine qu'il n'était obligé de le faire, fut rapidement et à plusieurs reprises secoué pour avoir flâné ; et avant la fin du premier jour, il tirait plus que jamais auparavant dans sa vie. La première nuit au camp, Joe, l'aigre, fut sévèrement puni, ce que Spitz n'avait jamais réussi à faire. Buck l'a simplement étouffé en raison de son poids supérieur et l'a coupé jusqu'à ce qu'il cesse de claquer et se mette à pleurnicher pour avoir pitié.

Le ton général de l'équipe s'est immédiatement accéléré. Elle retrouva sa solidarité d'antan, et une fois de plus les chiens sautèrent comme un seul chien dans les traces. Aux Rink Rapids, deux huskies indigènes, Teek et Koona, ont été ajoutés; et la célérité avec laquelle Buck les a enfoncés a coupé le souffle à François.

« Nevaire un chien comme dat Buck ! il pleure. "Non, nevaire ! Heem vaut un t'ousan' dollair, par Gar ! Eh ? Qu'est-ce que tu dis, Perrault ?"

Et Perrault hocha la tête. Il était alors en avance sur le record, et gagnait de jour en jour. Le sentier était en excellent état, bien tassé et dur, et il n'y avait pas de neige fraîchement tombée avec laquelle lutter. Il ne faisait pas trop froid. La température est tombée à cinquante sous zéro et y est restée tout le voyage. Les hommes chevauchaient et couraient à tour de rôle, et les chiens étaient maintenus en selle, avec des arrêts peu fréquents.

La rivière Thirty Mile était relativement recouverte de glace, et ils ont parcouru en une journée ce qui leur avait pris dix jours pour rentrer. En une seule course, ils ont fait une course de soixante milles du pied du lac Le Barge aux rapides du White Horse. À travers Marsh, Tagish et Bennett (soixante-dix milles de lacs), ils volaient si vite que l'homme dont c'était le tour de courir se remorquait derrière le traîneau au bout d'une corde. Et la dernière nuit de la deuxième semaine, ils franchirent le White Pass et descendirent la pente de la mer avec les lumières de Skaguay et de la navigation à leurs pieds.

C'était une course record. Chaque jour, pendant quatorze jours, ils avaient parcouru en moyenne quarante milles. Pendant trois jours, Perrault et François ont jeté des coffres dans la rue principale de Skaguay et ont été inondés d'invitations à boire, tandis que l'équipe était le centre constant d'une foule adoratrice de chasseurs de chiens et de mushers. Puis trois ou quatre méchants de l'Ouest ont aspiré à nettoyer la ville, ont été criblés comme des poivrières pour leurs peines, et l'intérêt public s'est tourné vers d'autres idoles. Viennent ensuite les commandes officielles. François appela Buck, l'enlaça, pleura sur lui. Et ce fut le dernier de François et Perrault. Comme d'autres hommes, ils sont définitivement sortis de la vie de Buck.

Un métis écossais s'est chargé de lui et de ses compagnons, et en compagnie d'une douzaine d'autres attelages de chiens, il a repris la piste fatiguée de Dawson. Ce n'était plus une course légère maintenant, ni un temps record, mais un dur labeur chaque jour, avec une lourde charge derrière ; car c'était le train postal, transportant des nouvelles du monde aux

hommes qui cherchaient de l'or à l'ombre du pôle.
Buck n'aimait pas ça, mais il supportait bien le travail, en étant fier à la manière de Dave et de Sol-leks, et voyant que ses camarades, qu'ils en soient fiers ou non, faisaient leur juste part. C'était une vie monotone, fonctionnant avec une régularité mécanique. Un jour ressemblait beaucoup à un autre. À une certaine heure chaque matin, les cuisiniers sortaient, des feux étaient allumés et le petit déjeuner était pris. Puis, tandis que certains levaient le camp, d'autres attelaient les chiens, et ils étaient en route une heure environ avant la tombée de l'obscurité qui annonçait l'aube. La nuit, le camp était fait. Certains lançaient les mouches, d'autres coupaient du bois de chauffage et des branches de pin pour les lits, et d'autres encore transportaient de l'eau ou de la glace pour les cuisiniers. De plus, les chiens ont été nourris. Pour eux, c'était la seule caractéristique de la journée, même s'il était bon de flâner, une fois le poisson mangé, pendant une heure environ avec les autres chiens, dont il y avait cinq vingt et impair. Il y avait parmi eux des combattants féroces, mais trois batailles avec les plus féroces ont amené Buck à la

maîtrise, de sorte que lorsqu'il s'est hérissé et a montré ses dents, ils se sont écartés de son chemin.
Mieux encore, peut-être, il aimait s'allonger près du feu, les pattes de derrière repliées sous lui, les pattes de devant étendues devant, la tête levée et les yeux clignotant rêveusement devant les flammes. Parfois, il pensait à la grande maison du juge Miller dans la vallée ensoleillée de Santa Clara, et au bassin de natation en ciment, et à Ysabel, la Mexicaine chauve, et Toots, le carlin japonais ; mais plus souvent il se souvenait de l'homme au chandail rouge, de la mort de Curly, de la grande bagarre avec Spitz et des bonnes choses qu'il avait mangées ou qu'il aimerait manger. Il n'avait pas le mal du pays. Le Sunland était très sombre et lointain, et de tels souvenirs n'avaient aucun pouvoir sur lui. Bien plus puissants étaient les souvenirs de son hérédité qui donnaient aux choses qu'il n'avait jamais vues auparavant une apparente familiarité ; les instincts (qui n'étaient que les souvenirs de ses ancêtres devenus des habitudes) qui s'étaient éteints plus tard, et plus tard encore,

Parfois, alors qu'il s'accroupissait là, clignant des yeux rêveusement devant les flammes, il lui semblait que les flammes provenaient d'un autre feu, et qu'en s'accroupissant près de cet autre feu, il voyait un autre homme différent du cuisinier métis devant lui. Cet autre homme avait une jambe plus courte et un bras plus long, avec des muscles filandreux et noueux plutôt qu'arrondis et gonflés. Les cheveux de cet homme étaient longs et emmêlés, et sa tête était inclinée en arrière sous ses yeux. Il poussait des sons étranges et semblait très effrayé par l'obscurité, dans laquelle il regardait continuellement, serrant dans sa main, qui pendait à mi-chemin entre le genou et le pied, un bâton avec une lourde pierre fixée jusqu'au bout. Il était presque nu, une peau déchirée et brûlée par le feu lui pendait en partie dans le dos, mais il y avait beaucoup de poils sur son corps. À certains endroits, sur la poitrine et les épaules et le long de l'extérieur des bras et des cuisses, il était emmêlé en une fourrure presque épaisse. Il ne se tenait pas debout, mais avec le tronc incliné vers l'avant à partir des hanches, sur des jambes fléchies au niveau des genoux. Autour de son corps, il y avait une élasticité ou une élasticité particulière, presque féline, et une vigilance rapide comme celle de quelqu'un qui vivait dans la peur perpétuelle des choses visibles et invisibles.

À d'autres moments, cet homme poilu s'accroupit près du feu, la tête entre les jambes et dormait. Dans ces occasions, ses coudes étaient sur ses genoux, ses mains jointes au-dessus de sa tête comme pour faire pleuvoir par les bras poilus. Et au-delà de ce feu, dans l'obscurité qui l'entourait, Buck pouvait voir de nombreux charbons luisants, deux par deux, toujours deux par deux, qu'il savait être les yeux de grandes bêtes de proie. Et il pouvait entendre le fracas de leurs corps à travers les sous-bois, et les bruits qu'ils faisaient dans la nuit. Et rêvant là près de la rive du Yukon, avec des yeux paresseux clignotant devant le feu, ces sons et images d'un autre monde feraient monter les cheveux le long de son dos et se dresser sur ses épaules et dans son cou, jusqu'à ce qu'il gémisse bas et réprimé. , ou grogna doucement, et le cuisinier métis lui cria : "Hé, toi Buck, réveille-toi !"

C'était un voyage difficile, avec le courrier derrière eux, et le travail pénible les épuisait. Ils étaient à court de poids et en mauvais état quand ils ont fait Dawson, et auraient dû avoir au moins dix jours ou une semaine de repos. Mais au bout de deux jours, ils descendirent la rive du Yukon depuis la caserne, chargés de lettres pour l'extérieur. Les chiens étaient fatigués, les chauffeurs grommelaient et, pour ne rien arranger, il neigeait tous les jours. Cela signifiait une piste douce, une plus grande friction sur les coureurs et une traction plus lourde pour les chiens ; pourtant, les chauffeurs ont été justes à travers tout cela et ont fait de leur mieux pour les animaux.

Chaque nuit, les chiens étaient soignés en premier. Ils mangeaient avant que les cochers ne mangent, et personne ne cherchait sa robe de nuit avant d'avoir vu les pieds des chiens qu'il conduisait. Pourtant, leur force a diminué. Depuis le début de l'hiver, ils avaient parcouru dix-huit cents milles, traînant des traîneaux sur toute la distance ; et dix-huit cents milles diront sur la vie des plus durs. Buck a résisté, gardant ses camarades à la hauteur de leur travail et maintenant la discipline, même si lui aussi était très fatigué. Billee pleurait et gémissait régulièrement dans son sommeil chaque nuit. Joe était plus aigre que jamais, et Sol-leks était inaccessible, côté aveugle ou de l'autre côté.

Mais c'est Dave qui a le plus souffert. Quelque chose n'allait pas avec lui. Il est devenu plus morose et irritable, et quand le camp a été dressé, il a immédiatement fait son nid, où son conducteur l'a nourri. Une fois hors du harnais et en bas, il ne s'est remis debout qu'à l'heure du harnais le matin. Parfois, dans les traces, secoué par un arrêt soudain du traîneau, ou en s'efforçant de le démarrer, il criait de douleur. Le conducteur l'a examiné, mais n'a rien trouvé. Tous les chauffeurs se sont intéressés à son cas. Ils s'en parlaient à l'heure des repas, et de leurs dernières pipes avant d'aller se coucher, et un soir ils tinrent une consultation. Il a été amené de son nid au feu et a été pressé et poussé jusqu'à ce qu'il crie plusieurs fois. Quelque chose n'allait pas à l'intérieur, mais ils n'ont pu localiser aucun os cassé, ils n'ont pas pu le distinguer.

Au moment où Cassiar Bar a été atteint, il était si faible qu'il tombait à plusieurs reprises dans les traces. Le métis écossais s'arrêta et le sortit de l'attelage, obligeant le chien suivant, Sol-leks, à s'accrocher au traîneau. Son intention était de reposer

Dave, le laissant courir librement derrière le traîneau. Malade comme il l'était, Dave n'aimait pas être emmené, grognant et grognant alors que les liens étaient détachés, et gémissant le cœur brisé quand il a vu Sol-leks dans la position qu'il avait occupée et servie si longtemps. Car l'orgueil de la trace et de la piste était le sien, et, malade jusqu'à la mort, il ne pouvait supporter qu'un autre chien fasse son travail.

Lorsque le traîneau a démarré, il a pataugé dans la neige molle le long du sentier battu, attaquant Sol-leks avec ses dents, se précipitant contre lui et essayant de le pousser dans la neige molle de l'autre côté, s'efforçant de sauter à l'intérieur de ses traces et d'obtenir entre lui et le traîneau, et tout en gémissant, en glapissant et en pleurant de chagrin et de douleur. Le métis essaya de le chasser avec le fouet ; mais il ne prêta aucune attention au coup de fouet, et l'homme n'eut pas le cœur de frapper plus fort. Dave a refusé de courir tranquillement sur le sentier derrière le traîneau, où la marche était facile, mais a continué à patauger dans la neige molle, là où la marche était la plus difficile, jusqu'à épuisement. Puis il tomba et resta là où il

était tombé, hurlant lugubrement tandis que le long train de traîneaux défilait.
Avec le dernier reste de ses forces, il réussit à reculer jusqu'à ce que le train fasse un autre arrêt, lorsqu'il passa devant les traîneaux jusqu'au sien, où il se tenait aux côtés de Sol-leks. Son chauffeur s'attarda un moment pour allumer sa pipe auprès de l'homme qui le suivait. Puis il est revenu et a commencé ses chiens. Ils s'élancèrent sur la piste avec un remarquable manque d'effort, tournèrent la tête avec inquiétude et s'arrêtèrent surpris. Le chauffeur était lui aussi surpris ; le traîneau n'avait pas bougé. Il appela ses camarades pour assister à la scène. Dave avait mordu les deux traces de Sol-leks et se tenait juste devant le traîneau à sa place.
Il suppliait ses yeux de rester là. Le conducteur était perplexe. Ses camarades ont parlé de la façon dont un chien pouvait lui briser le cœur en se voyant refuser le travail qui l'avait tué, et ont rappelé des cas qu'ils avaient connus, où des chiens, trop vieux pour le labeur ou blessés, étaient morts parce qu'ils avaient été coupés des traces. De plus, ils tenaient à ce qu'il soit miséricordieux, puisque Dave devait mourir de toute façon, qu'il

meure dans les traces, le cœur tranquille et content. Alors il fut de nouveau harnaché, et fièrement il tira comme autrefois, bien que plus d'une fois il cria involontairement à cause de la morsure de sa blessure intérieure. Plusieurs fois il tomba et fut traîné dans les traces, et une fois le traîneau courut sur lui de sorte qu'il boitait par la suite d'une de ses pattes arrière.
Mais il a tenu bon jusqu'à ce que le camp soit atteint, lorsque son conducteur lui a fait une place près du feu. Le matin le trouva trop faible pour voyager. Au moment de s'atteler, il a essayé de ramper jusqu'à son chauffeur. Par des efforts convulsifs, il se leva, chancela et tomba. Puis il s'avança lentement vers l'endroit où les harnais étaient en train d'être enfilés sur ses compagnons. Il avançait ses pattes de devant et traînait son corps avec une sorte de mouvement d'attelage, puis il avançait ses pattes de devant et s'accrochait à nouveau de quelques centimètres. Ses forces l'abandonnèrent, et la dernière fois que ses compagnons le virent, il gisait haletant dans la neige et désireux d'eux. Mais ils pouvaient l'entendre hurler tristement jusqu'à ce

qu'ils passent hors de vue derrière une ceinture de bois de rivière.

Ici, le train a été arrêté. Le métis écossais revint lentement sur ses pas jusqu'au camp qu'ils avaient quitté. Les hommes cessèrent de parler. Un coup de revolver retentit. L'homme revint précipitamment. Les fouets claquaient, les cloches tintaient joyeusement, les traîneaux roulaient le long du sentier ; mais Buck savait, et chaque chien savait, ce qui s'était passé derrière la ceinture d'arbres de la rivière.

Le labeur deindiceetcheminTrente jours après le départ de Dawson, le Salt Water Mail, avec Buck et sesPalson leavant, est arrivé à Skaguay. Ilsa étédans un misérablepays,anéantiet usé.

Chevreuilscentet40kilosavaisdiminuéàc entet quinze. Larelaxationde soncopains,quand mêmeplus légerchiots, avaisplutôt mal placéplus grandpoids que lui. Pike, le simulacre, qui, dans sonla vie detromperie, avaitsouvent efficacementfeint unpréjudicejambe,devenirboitait maintenant sérieusement. Sol-leksdevenirboitant, et Dubdevient frappé parune omoplate tordue. Ilsa ététoutextraordinairementaux pieds endoloris. Pas de ressort ni de rebonddevenirlaissé en eux. Leurorteilsabattreprès du chemin, secouant leurnos corpset doubler la fatigue deun après-midic'estpériple. Làne devient rien le problèmeavec euxoutrequ'ilsavait été inutile. Cedevenir maintenant pluslainutile-la fatigue qui vientparcourtettentative immodérée, à partir duquella restauration est un problèmed'heures ;toutefoiscedevenirlai nutile-la fatigue qui vientpassant parlagradueletpuissance étenduedrainage de mois de labeur. Làdevenirnonélectricitéderécupérationg auche, pas de réservepouvoir de nommersur. Ceont ététous utilisés, leultimemoinspeu dece. Chaque muscle,chaquefibre,chaquecellule,deven ir usé,inutileusé. Etil y a eu parce quepour ça. Dansbeaucoup moinsque5moisqu'ils auraientparcouru vingt-5cent milles,pendant le dernierdont dix-huit centsqu'ils auraientavaiscependant5journées'relaxa tion. Arrivés à Skaguay, ilsavait apparemment étésur leurultimeles jambes. Ilsdevrait tenir légèrementlalignestendu, etaudéclassementsimplement contrôléàtenirhors demanièredu traîneau. "Mush sur,négatifmal aux pieds"la force motrice approuvéeeux alors qu'ils trébuchaientla route principalede Skaguay. "Dis is de las'. Den nous en obtenons unlonguerés'. Hein ? Avec certitude. Un tyranlongueres'." Les chauffeursavec optimisme prédit un longescale. Eux-mêmes,qu'ils aient inclusdouze cents milles avec des jours'relaxation, età l'intérieur de lanature decauseetlieu pas inhabitueljustice ils méritaient unelangue cde flâner. Maistant de choses avaient étélales mecsqui s'étaient précipités dans le Klondike, ettant de choses avaient étéles amoureux, épouses etrapportsqui avaitmaintenant plusprécipité, que le courrier encombréprendre le dessusProportions alpines; ici aussiavait été respectableordres. Lots frais de la baie d'Hudsonles chiots avaient étéprendre leemplacementsde cenugatoirepour lechemin. Lainopérantceuxa étéêtreont reçudébarrasser de, et,en vue que les chiots soient comptéspour peucontrairement àdollars, ilsa étéà vendre. Trois joursdépassé,à l'aide de quelle périodeBuck et soncopainsdécouvertcommentclairemen t useéetsensibleelles ou ilsa été. Alors,aumatin du quatrième jour,les mecsdes Étatss'est rallié et a acquiseux, harnais et tout, pour une chanson. Lales mecsadresséétousdifférentscomme "Hal" et "Charles". Charlesdevenirun homme d'âge moyen, léger-mec de couleur, avecsensibleet des yeux larmoyants et une moustache qui se tordait férocement et vigoureusement, donnant lemal renseignerla lèvre mollement tombante qu'elle cachait. Haldevenirunadolescent de 19 ansou vingt, avec ungrandLe revolver de Colt et un couteau de chasse attachésapproximativementlui sur une ceinture quijoliehérissé de cartouches. Cette ceinturedevenirlamaximumsaillantprob lème environlui. Cecommercialisésa naïveté - une naïveté pure et inexprimable. Tous les deuxles gars avaient été évidemmentpas à sa place, et pourquoiensemble avecelles ou ilsbesoin de voyagerle Nord estune partie delathriller de facteurscela dépasse l'entendement. Buck a entendu le bruit,remarquélacashbyskipaparmila personneet l'agent du gouvernement, et savait que le Scotch1/2 de-la race et le courrier-éduquerConducteursa étés'évanouir de sonmodes de vie autalons de Perrault et François et les autres qui avaientil y a longtemps. Lorsquepoussés ensemble avec hispalsàle tout nouveaucamp des propriétaires, Buckremarqué un maladroitet affaire négligée, tente1/2 deétiré, vaisselle non lavée,le touten désordre; aussi, ilremarquéune femme. "Mercedes" lales gars appelésson. Elledevenircelui de Charlesconjointet la sœur de Hal—un cercle agréable de parentsfaire la fête. Buck les regarda avec appréhension alors qu'ils procédaient au démontage de la tenteet fretle traîneau. Làdevenirunextraordinaireaffaire detenter environleurfaçon,toutefoisaucune méthode commerciale. La tentedevenirroulé dansun forfait disgracieux3instancescommeénorme parce qu'il fautont été. Les plats en étaina étérangé non lavé. Mercedesd'habitudeflottaità l'intérieur de la manièred'elleles mecsetenregistréun bavardage ininterrompu de remontrances etrecommandation. Quand ilspositionnéun sac à vêtementsà l'avantdu traîneau, elleconseillécebesoin de passer à nouveau; etaprès qu'ilsavaispositionnéceà nouveau, etinclusc'est fini avecmultipledifférentpaquets, elletrouvé laissé de côtédes articlescela pourraitn'habiter nulle part ailleurstoutefoisdans ce sac même,et qu'ilsdéchargéune fois de plus. Troisles mecsd'une tente voisineVa là-bassortir etest apparusur, souriant et faisant des clins d'œil les uns aux autres. "Vous avezont reçuunproprement intelligentchargerparce qu'ilest,"déclaré certainement considéré comme l'un parmileur; "etce n'est plus maintenantmoibesoin de vous informervotre entreprise,toutefoisjene serait pasfourre cette tenteaux côtés desi jedevenirvous." "Inimaginable!" s'écria Mercedes en la vomissantles brasdans un désarroi délicat. "Cependantau sein de l'internationaljemanipuler sansune tente?" "C'est le printemps,et aussi vous ne pouvez pasobtenir n'importeplus grand sans effusion de sangMétéo,"la personnerépondu. Elle secoua décidément la tête, et Charles et Halpositionnélaultimebric et de broc sursommetla charge montagneuse. "Pensece serabalade?"un des mecsa demandé. "Pourquoine devrait pasça?" demanda Charlesen tant que substitutprochainement. "Oh,c'esttoutcorrect,c'esttoutcorrect",la personnese hâta docilementà mentionner. "JEdevient simplementje me demande,c'esttout. Ceconsidéréun acariensommet-lourd." Charlesgrandi pour devenirle sienencoreet a tiré les liens vers le basen plus deildevrait, quidevenu maintenant plus à l'intérieur dumoins bien. "Un" deitinérairelachiotspeut faire de la randonnéeaux côtés detoute la journée avec cet enginà l'arrière deeux », a affirmé un2dde lales mecs. "Assurément,"déclaréHal, avec une politesse glaciale, prenantpréserverdu gee-pole d'une main et balançant son fouet del'alternative. "Bouillie!" il cria. « Bouillie là-bas ! Lachiotsa jaillicontrairement àles brassières, tenduesdifficilepourquelquesquelques instants, puis détendu. Ilsn'avait pas été en mesure de transporterle traîneau.

"Les brutes paresseuses, je vaisaffichageeux, s'écria-t-il,préparerpour les frapper avec le fouet. Mais Mercedes est intervenue en criant "Oh, Hal, tu ne dois pas", alors qu'ellecoincépréserverdu fouet et le lui arracha. "Lanégatifchers! Maintenant, c'est à votre tourbesoin dete promettrePeut-être pasêtre dur avec eux pour lerelaxationde lapériple, ou Jepeut ne pas passerun pas." "Lot précieuxvous vous rendez compte environ des chiots», ricana son frère ; « et moije veux que tu partesmoi seul. Ils sont paresseux, jevous informer,et tu as été donnéles fouetter pour obtenirquelque chosehors d'eux. C'est leurmanière. Vous demandez à n'importe qui. Demandez-en unde ces gars." Mercédèsvérifiéimplorant, répugnance indicible à la vue demalécrit en elleassezVisage. "Ils sontsensiblecomme de l'eau,au cas où vous auriez besoinàreconnaître",Va là-baslarépondredeun des mecs. "Prune cueillie,c'est ça le problème. Ilsvouloirunrelaxation." "Le reste soit effacé,"déclaréHal,avec sonlèvres imberbes; et Mercedesdéclaré, "Oh!" dansmalet chagrinsur leserment. Mais elledevenirune créature clanique, et se précipitaimmédiatementà la défense de son frère. "Jamaisles penséescemec," elledéclaréostensiblement. "Tu esutilisantnotrechiots,et toi aussifaire ce quevous avez observé de haute qualitéavec eux." De nouveau le fouet de Hal tomba sur lechiots. Ils se sont jetéscontrairement àles cuirasses, creuséesorteilsdans la neige tassée,ont reçuvers le bas, etpositionnéen avant tous leursPuissance. Le traîneau tenu commequand mêmecea étéune ancre. Après des efforts, ils se sont levésnéanmoins, haletant. Le fouetdevenirsifflant sauvagement,encore une foisMercedes est intervenue. Elle est tombée à genouxPlus tôt queBuck, les larmes aux yeux, etpositionnésonpalmiersrondson cou. "Tunégatif,négatifchers, s'écria-t-elle avec sympathie, pourquoine pastu tiresdifficile?—alors vous ne le feriez certainement pasêtre fouetté." Buck l'a faitmaintenant pluscomme elle,toutefoisildevenirse sentir aussidéprimant d'affronterelle, le prenant commeune partie deles jourspeintures déprimantes. L'un des spectateurs, quiont étéserrant sonémailsupprimerchaleureusediscours , prit alors la parole : " C'estmaintenant plusque je me soucie un whoop quoiva devenirde toi,toutefoispour lechiots' pour moiil suffit d'informertu,vous pourriez aiderle mapuissantparcelleà l'aide de l'utilisationsortir ce traîneau. Les coureurs sontglacévite. Jetez votre poidscontrairement àle gee-pole,correctet à gauche, etruinele sortir." Un0,33le tempss'efforcer de devenirfabriqué,toutefoiscette fois, suite àrecommandation, Hal a éclaté les coureurs quiont étégelé à la neige. Le traîneau surchargé et peu maniablesolide au préalable, Buck et soncopains qui souffrentfrénétiquementdessousla pluie de coups. Une centaine de mètrespréalablementlaest devenuet en pente raide dansla route principale. Ceforceont exigé unemec qualifiéàtenirlasommet- traîneau lourd debout, et Halne deviens plus ce genre de gars. Alors qu'ils se balançaientau fliple traîneau s'est renversé, renversant1/2 desa chargepassant parlalibresaisines. Lachiots en aucun casarrêté. Le traîneau allégé bondissait sur sesfacette à l'arrière deleur. Ilsavait été indigné à cause delaRemède de maladie qu'ils avaient acquiset la charge injuste. mâledevenirrage. Il a cassédroit dans uncourir, leéquipagesuivant son exemple. Hal a crié "Whoa! Whoa!"toutefoisils n'ont prêté aucune attention. Il a trébuché etdevenira arraché sonorteils. Le traîneau chavirésolsur lui, et lechiotsse précipita sur leroute,y comprisà la gaieté de Skaguay alors qu'ils dispersaientle restede la tenueaux côtés desonchefrue. Bienveillantrésidents coincéslachiotsetaccumuléle dispersédes atouts. Aussi, ils ont donnérecommandation. Demila chargeetDeux foislachiots,dans le cas où ilsdéjàpréditàatteindreDawson,devenirQ ueldevient déclaré. Hal et sa sœur et son beau-frèrerégulationécoutait à contrecœur, plantait sa tente et révisait la tenue. En conservearticles avaient grandi pour devenirce qui a faitles mecsrire, pour les conservesarticlesauLong Trail est unpublierrêverapproximativement. "Couvertures pour un hôtel" ditun des mecsqui riait et aidait. « Deux fois moinsest tropbeaucoup;se débarrasserleur. Jeter cette tente, et toutceuxvaisselle,-qui estAllernettoyereux, d'ailleurs ? Bon Dieu, faisvous avez observévous visitezsur un Pullman?" Et ainsi de suite, l'inexorablesuppressiondu superflu. Mercedes a pleuréalors queses vêtements-les bagages avaient étéabandonnéau solet article après articledevenirjeté. Elle a pleuré en général,et il ou ellepleurésurtoutplus detousmis au rebutpublier. elle a serrébras environgenoux, balancementendommagé-de tout cœur. Elle a affirmé qu'ellepourrait maintenant ne plus passerun pouce,maintenant pluspour une douzaine de charles. Elle a fait appel àTout le mondeet àle tout,ensuiteessuyant ses yeux etavoir l'intentionàforgémême des articles deVêtementsceavait été vitalnécessaires. Et dans son zèle,alors queelle avaitcomplété avec son personnel, elle a attaqué ledes atoutsd'elleles mecset est allépassant pareux comme une tornade. Ceci accompli, la tenue,encoreréduiredans1/2 de,devenir néanmoins impressionnanten gros. Charles et Hal sont sortisdans la nuit et acquissix à l'extérieurchiots. Ces,introduitaux six deséquipage unique, et Teek et Koona, les huskiesacquis leRapides de la patinoireau voyage du document,livrélaéquipage autant queQuatorze. Mais l'extérieurchiots,même sipresque endommagédansvu queleur atterrissage, a faitmaintenant plus de quantitétrop. Troisavait été bref-pointeurs à poil, undevenira Terre-Neuve, etl'alternative avait étébâtards de race indéterminée. Ils ont faitmaintenant n'apparaît plusàreconnaître quelque chose,ces personnes inexpérimentées. Buck et ses camaradesest apparusur eux avec dégoût, etquand mêmeilvivementleur a appris leurEmplacementset quoimaintenant plusfaire, ilne pouvait pas éduquereux quoi faire. Ils ont faitmaintenant plusprendre gentiment àindiceetchemin. À l'exception deles deuxbâtards, ilsa étéperplexe et entrain-endommagé à l'aide delainhabituelsauvageenvironnementdans lequelelles ou ilsdécouverteux-mêmes età l'aide de l'utilisationlaRemède de maladie qu'ils avaient acquis. Les bâtardsavait été sansesprit du tout; des osa étélales meilleures questionscassableapproximativementleur. Avec lepersonnes inexpérimentéesdésespérée et désespérée, et laantiquecrewéliminé à l'aide devingt-5cent milles dechemin sans arrêt, les perspectivesdevenir quelque chose cependantbrillant. Lales mecs, toutefois,avait été joliede bonne humeur. Et ilsa étéfier aussi. Ilsa étéfaire lepublieravec style, avec quatorzechiots. Ils avaientvisibledifférenttraîneauxParssur le col pour Dawson, ousont disponibles dansde Dawson,cependant en aucun casavaient-ilsvisibleun traîneau avectant deà quatorze anschiots. Dansle personnagede l'Arctiqueil y a eu un voyageuncausepourquoi quatorzeles chiots n'ont plus besoinfaites glisser un traîneau, et quedevenirce traîneaune pouvait pas apporterlarepaspour quatorzechiots. Mais Charles et Hal l'ont faitmaintenant ne reconnais pluscette. Ils avaientlaborieuxlapéripleavec un crayon,beaucoupà uncanin,tellement de chiots,tant dejours, CQFD Mercedesest apparupar-dessus leurs épaules et hocha la tête de manière compréhensive, ildevenirtout tellementfacile. En retardsubséquentmatin, Buck a dirigé leéquipage longen haut deroute. Làdevenir rien d'actif environça, pas de claquement oupasseren lui et ses semblables. Ilsavait commencé inutilefatigué. Quatreinstancesil avaitinclusl'écart entreSalt Water et Dawson, et lecompétencequi, blasé etusé, ildevenir passant parlachemin égal à nouveau, le rendait amer. Le sienle cœur n'est plus à l'intérieur des peintures, nidevenirlacoeur coronairede toutecanin. Les extérieursa ététimides et apeurés, les Intérieursavec l'assurance de leurmaîtrise. Buck sentait vaguement queil y a eunons'appuyersurCes garset la femme. Ils ont faitje ne reconnais plus le cheminfaisquelque chose,et parce que leles jours passèrentà l'aide de l'utilisationcesont devenus évidentsqu'ilsne pouvait pasapprendre. Ilsa étélâche en toutquestions,sans pour autantcommande ouchamp. Il leur a fallu1/2 delala nuitdresser un camp négligé, et1/2 dele matininterromprece camp et charger le traîneaustylesi négligemment que pour lerelaxationdu jour où ilsa étéoccupé àempêcheret réorganiserla charge. Certains jours, ils l'ont faitmaintenant plusfaire dix milles. Surdifférentjours ilsn'avait pas pupour obtenircommencédu tout. Et en aucun jour ils n'ontatteindrefabricationplus grandque1/2 de l'écart utilisé parlales mecscomme unfondation de leur chien-repascalcul. Cedevenirinévitable qu'ilsbesoin de passerbrièvementsurcanin-repas. Mais ils l'ont accéléréà l'aide de l'utilisationsuralimentation, apportant le jourtout en se rapprochantsous-alimentationforcecommencer. L'extérieurchiots, dont les digestions avaientmaintenant plusa étéqualifiéà l'aide de l'utilisation persistantela famine pour fairemaximumde peu, avait des appétits voraces. Etalors que,De mêmeà cela, les huskies usés tiraient faiblement, Haldéterminéque la ration orthodoxedevenirtrop petit. Il l'a doublé. Et pour coiffertout,alors queMercedes, avec des larmes en elleassezyeux et un tremblement dans sa gorge,ne pouvait pasle persuader de donner lechiotsnéanmoinsplus grand, elle a volé dans les sacs de poisson et les a nourris sournoisement. Mais ildevenirmaintenant ne plusrepasdont Buck et les huskies avaient besoin,cependantrelaxation. Etquand mêmeelles ou ilsa étéfabricationnégatiftemps, la lourde charge qu'ils traînaient sapait leurPuissancegravement. AlorsVa là-basla sous-alimentation. Halréveillé tôt ou tardauréalitéc'est le siencanin-les repas deviennent la moitié du passéetle gapbestzoneinclus;en outre, cepour le romanouen espècesnonextracanin-les repas deviennentêtreacquis. Donc ilréduiremême la ration orthodoxe ettentéàboomles jourspériple. Sa sœur et son beau-frèrerégulationl'a secondé;toutefoiselles ou ilsavait été ennuyé à l'aide deleur tenue lourde et leurpersonnelincompétence.

Cedevenirunfacile à présenterlachiotsbeaucoup moins de repas;toutefoiscedevenir impossiblepour faire lechiotsvoyageplus rapide,alors queleurincapacité personnellepour obteniren dessous de manière avancée à l'intérieur duMatinévitéeux devisiterheures plus longues. Pasmeilleuront-ilsmaintenant ne reconnaît plus le chemin de la peinture des chiots,toutefoisils ont faitmaintenant ne reconnais plus le chemin des peintureseux-mêmes. La premièredevenir chefDub. Pauvre voleur maladroit qu'ildevenir,continuellementobtenirbloqué et puni, il n'eut pas lebeaucoup moinsa éteun dévouéouvrier. Son omoplate tordue, non soignée et non reposée, est passée deterribleau pire,jusqu'à la suiteHal lui a tiré dessus avec legrandLe revolver de Colt. C'est unannonçantde laEtats-Unisqu'un Dehorscaninmourir de faimmourant à laration du husky, donc les six Dehorschiotsen dessousmâledevraitne fais pasbeaucoup moinsque de mourir sur1/2 dela ration du husky. Le Terre-Neuve partit le premier,accompagné à l'aide dela3bref-pointeurs à poil,les deuxbâtardsfrappantplus grandgranuleusementdirectement aux styles de vie,toutefoisAllerà l'intérieur de l'abandon. À ce momenttoutes les installationset les douceurs du Southland étaient tombéesloin dela3êtres humains. Dépouillé de son glamour et de sa romance, l'Arctiquele voyage est devenuà eux unfaittrop sévèrepour luivirilité et féminité.

Mercedes a cessé de pleurer sur lechiots, étant tropfasciné parpleurant sur elle-même et se querellantavec ellemari et frère. Se disputerdevenir le seul problèmeelles ou ilsn'avait été en aucun castrop fatigué pour faire. Leur irritabilité est néedans leur détresse,élevéavec lui, doublé sur lui, distancé. Lapuissance de maintien de premier ordrede lacheminquiimplique les garsqui peinedifficileettraverserdouloureux, etcontinuer à becandyde la parole et gentiment, a faitmaintenant plusviensà ces garset la femme. Ils n'avaient aucune idée dece genre d'endurance. Ilsa étéraide et dansmal; leurgroupes musculairesendoloris, leurs os endoloris, leurs cœurs eux-mêmes endoloris ; età cause dece qu'ilsest devenutranchant de la parole, etdes phrases difficiles avaient étéd'abord sur leurs lèvresà l'intérieur de lamatin etultimeàla nuit. Charles et Hal se sont disputéschaque foisMercedes leur a donné une chance. Cedevenirlala perception aimée de chaquequ'il a faitplus grandque sonpourcentagede lapeintures, et ni l'un ni l'autre ne s'est abstenuparlercettela perceptionàchaqueoccasion. Parfois, Mercedes a pris le partiavec ellemari,parfois avec ellefrère. Larésultat finaldevenirunsuperbeetcercle infini de parentsquerelle. Partant d'un différend quant à savoirbesoin dehacherquelquesbâtons pourle foyer(un différend quiimpliqué le mieuxCharles et Hal),pourrait actuellementêtre traînéà l'intérieur de la relaxationde lason propre cercle de parents, pères, mères, oncles, cousins,les êtres humainsà des kilomètres etun nombre deleurinutile. C'est Halpoints de vuesur l'art, ou latype desociétéeffectuele frère de sa mère a écrit,besoin deontquelque choseà voir avec leCoupedequelquesbâtons de bois de chauffage, passe la compréhension ;en dépit du fait quela querelledevenircommeProbablementàont généralement tendancedans ceitinérairecommeà l'intérieur de l'itinérairedes préjugés politiques de Charles. Et cette langue conteuse de la sœur de Charlesbesoin deêtreen vigueurauconstruired'un incendie au Yukon,devenir le meilleur évidentà Mercedes, qui s'est déchargée de copieuxCommentairessur ce sujet, etd'ailleurssurdes tendances différentesdésagréablementétrangechez son marison propre cercle de parents. Dans leprovisoirele foyerresté non construit, le camp1/2 delancé, et lechiotsà jeun. Mercedes a soigné uncritique unique-lacritiquede sexe. Elledevenir tout à faitet doux, etont étéchevaleresquementmanipulétous ses jours. Maisle remède en vigueur à l'aide de l'utilisationson mari et son frèredevenir le toutchevaleresque. CedevenirsonDouaneêtre impuissant. Ils se sont plaints. Sur quelle mise en accusation de quoi pour elledevenirsonmaximum vitalprérogative sexuelle, elle rendait leur vie insupportable. Ellemaintenant plus pris en considérationlachiots, etdû au faitelledevenirdouloureux etusé, elleendurédansen utilisant letraîneau. Elledevenir tout à faitet doux,toutefoiselle pesaitcentet vingtkilo- un vigoureuxultimepaille àla chargetraînéà l'aide de l'utilisationlasensibleetvoraceanimaux. Elle a roulé pendant des jours,jusqu'àils sont tombésà l'intérieur des ligneset le traîneau se tenaitnéanmoins. Charles et Hal l'ont suppliée de descendre et de marcher, ont suppliéavec elle, supplié, lealors queelle a pleuré et importuné le ciel avec un récitdans leursbrutalité. Sur uneun événementils l'ont fait descendre du traîneauà l'aide d'une puissance importante. Ilsen aucun casl'a faitune fois de plus. ElleAutoriserses jambespasserboiter comme un enfant gâté, et s'assitsur le chemin. Ils sont allés sur leurmanière,toutefoiselle a faitmaintenant plusmouvement. Aprèsqu'ils auraientvoyagé3miles ils ont déchargé le traîneau,je suis revenupour elle, età l'aide d'une position de force importantesonautraîneauune fois de plus. Dans leextradans leur détresse personnelleelles ou ilsa étéinsensible à laluttant dans leuranimaux. La théorie de Hal, qu'il a pratiquée sur d'autres,devenirCelui-labesoin dese durcir. Il avaitcommencéen train de le prêcher à sa sœur et à son beau-frèrerégulation. A défaut, il l'a martelé dans lechiotsavec unadhésion. Aux Cinq Doigtscanin-repasa donné, et un édentéantiquesquawfourniàalternerleur quelques kilosde cheval gelé-déguisementpour le revolver Colt quienregistrélagrandcouteau de chassesociétéà la hanche de Hal. UNremplacement négatifpourles repas deviennentcettedéguisement,simplement parce que cela a étédépouillé des chevaux affamés des éleveurs six moisencore. Dans sa geléepayscedevenir plus grandcomme des bandes de fer galvanisé, etalors queuncaninl'a lutté dans sonventreil a dégeléminceet des cordes coriaces et non nutritives etdroit dans unmasse debrefCheveu,traumatiqueet indigeste. Ettout çaBuck décaléaux côtés deàhautde laéquipagecomme dans un cauchemar. Il a tiréalors queildevrait;alors queilne devrait plus maintenanttirer, il est tombé et est resté en basjusqu'àcoups de fouet ouadhésionl'a conduit à sonencore une fois. Toute la rigidité et la brillance avaientpassé depuis longtempshors de sonsuperbepoiluemanteau. Les cheveux pendaient, mous et traînés, oueffilochéavec du sang séchédans lequelHal'sadhésionl'avait meurtri. Le siengroupes musculairesavait dépéri en cordes noueuses, et les coussinets de chair avaient disparu,afin que chaquecôte etchaqueos dans soncorps avait été mentionnéproprepassant parladéguisement gratuitcedevenirridée en plis de vide. Cedevenirdéchirant,meilleurChevreuils devenir cardiaqueincassable. Laguywiththepurplechandail l'avait prouvé. Tel queldeveniravec Buck, doncdevenirceensemble avec hispals. Ilsa étésquelettes ambulants. Làa étésept en tout,qui inclutlui. Dans leur trèsune détresse extraordinaire qu'ils deviendraientinsensible à lamâcherdu fouet ou de l'ecchymose duadhésion. Lamaldela raclée devient stupideet lointain,simplement parce que ça compteleurs yeuxremarquéet leurs oreilles ont entenduconsidéré comme stupideet lointain. Ilsn'était plus1/2 devivant, ouzonevivant. Ilsavait été pratiquement tellement de bagagesdes osoùdes étincelles demodes de vieflottait faiblement. Quand une haltedevenirfait, ils sont tombésà l'intérieur des lignesCommechiots inutiles, et l'étincelle s'estompa et pâlit etconsidéré comme la têtedehors. Etalors quelaadhésionou le fouet tombait sur eux, l'étincelle flottait faiblement,et qu'ilschancelé à leurorteilset en titubant. LàJe suis arrivé ici un après-midiBillee, le bonhomme, tomba etne pouvait pasmonter. Hal avait échangé son revolver, alors il a pris lepoinçonet a frappé Billeehautpendant qu'il gisaità l'intérieur des lignes, alorsréduirela carcasse hors du harnais et l'a traînéeà au moins une facette. mâleremarqué, et sonles copains ont remarqué,et qu'ilssavait que celale problème devienttrèsà proximitéleur. SurLe jour suivantKoona est allé, etcependant5il en restait : Joe aussiun long passéêtre malin; Le brochet estropié et boiteux,meilleur1/2 au courantetmaintenant plus au courantplus long à simuler ; Sol-leks,le seul-yeux,néanmoins consacréau labeur deindiceetchemin, et lugubre en ce qu'il avait si peuPuissanceavec lequel tirer; Teek, qui avaitmaintenant plusvoyagéjusqu'icicetemps hivernalet quidevenirà présentécraséplus grandque les autresdû au faitildevenirplus frais; et Buk,néanmoinsàhautde laéquipage,cependant, il n'est plus en cours de mise en œuvreou s'efforçant demettre en vigueuril, aveugle avecpoint faible1/2 dele temps etmaintenirlachemin à l'aide dele métier de celui-ci età l'aide de l'utilisationle sombresensde sonorteils. Cedevient magnifiqueun temps de printemps,toutefoisnichiotsniles gens avaient été au courantce. Chaque jour lesolaireRoseà l'avanceet régler plus tard. Cedevient levé à l'aide de l'utilisation de 3 à l'intérieur dumatin, et le crépuscule s'attardaitjusqu'à9àla nuit. Latout longjournéedevenirun rayon de soleil. Le fantomatiquetemps hivernalle silence avait donnémanièreauextraordinairemurmure printanier du réveilmodes de vie. Ce murmure est né dela totalité de laterre, pleine deplaisirde vie. CeVa là-basduquestionsqui a vécu et déplacéune fois de plus,questionsquiont étécommeinutileet qui avaitmaintenant plusdéplacéà un certain stade delalonguemois de gel. La sèvegrandir à l'intérieur dupins. Les saules et les tremblesa étééclater dansplus jeunebourgeons. Arbustes et vigness'était installésurpétillanthabits de vert. Les grillons ont chantéà l'intérieur de lanuits, età l'intérieur de latous les joursfaçonde ramper, ramperquestionsbruissait dans lesolaire. Perdrix et picsa étégronder et frapperà l'intérieur de laforêt. Écureuilsa étéle bavardage, le chant des oiseaux et au-dessus de la tête klaxonnaient les sauvages-pouletdu sud dansrusédes cales quidécouperl'air. Dechaquepente de la collineVa là-basle filet dele joggingl'eau, laréglerde fontaines invisibles. Toutles choses avaient étédécongeler, plier, casser. Le Yukondevenirforcersans interromprela glace quicertainvers le bas. Il a mangéloin desous; lasolairemangé d'en haut. Des trous d'air se sont formés, des fissures ont surgi etse déroulerune part,tandis que maigredes sections de glace sont tombéesvia physiquedans la rivière. Et au milieu de tout cet éclatement, déchirement, pulsation du réveilmodes de vie,dessousle flamboyantsolaireetpassant parles douces brises soupirantes, comme des voyageurs versmourant, décaléles 2 mecs, la femme et les huskies. Avec lechiotstombant, Mercedes pleurant etutilisant, Hal jurant innocemment et les yeux de Charles larmoyants avec nostalgie, ils se dirigèrent vers le camp de John Thornton.sur leembouchure de la rivière Blanche. Lorsqu'ils s'arrêtèrent, leschiotstombé commemême s'ils avaienttous été frappésinutile. Mercedes s'essuya les yeux etvérifiéJohn Thorton. Charles s'assit sur une bûche pourrelaxation. Il s'assit très lentement et minutieusement que dire de sonextraordinaireraideur. Hal a parlé. John Thortondevenirtailler leultimetouche à unpoinçon-faire face àil avaitfabriqué à partir deun bâton de bouleau. Il triturait et écoutait, donnait des réponses monosyllabiques et,alors quecedevenirdemandé, laconiquerecommandation. Il connaissait la race, et il a donné sonrecommandationdans l'actualitécece n'est plusêtreaccompagné. "Ilsinforménous au-dessus de çale plus bas devient perdanthors decheminet que leproblème de haute qualitéà nous de fairedevenir mettrefini," Haldéclarédansréactionchez Thorntonmise en gardeprendre nonde plus grandes possibilités auglace pourrie. "Ilsinforménous nousne pouvait pasfaire White River, eticinous le sommes.ultimeavec un ricanement de triomphe en elle. "Et ilsinformévous avez raison, répondit John

Thornton.arrièrec'estProbablementaba ndonner à tout moment. Seuls les imbéciles, avec les aveugleschancedes imbéciles,devraitl'ont fait. jevous informerdroit, jene mettrait pas en dangerma carcasse sur cette glace pourla totalité de lade l'or en Alaska." "C'estdu fait que vous n'êtes plusunidiot, Je suppose,"déclaréHal. "Tous leségal,nous passerons directement àDawson. » Il déroula son fouet. « Monte là-haut, Buck ! Salut! Monte là-haut ! Mush on!" Thornton a continué à tailler. Ildeveniroisif, il le savait, pour obtenirparmiunidiotet sa folie;alors queou3imbécilesplus grandoubeaucoup moinspourrait maintenant ne plus s'adapterle régimede facteurs. Mais leéquipagea faitmaintenant ne plus se lever sur lecommande. Cela alongue vue qui a dépassédans ledegré dans lequelcoupsa étéobligatoireévoquerce. Le fouet a éclaté,iciet là, sur soncruelcourses. John Thornton serra les lèvres. Sol-leksdevenir le principalàbouge lentementà sonorteils. Tekaccompagné. Josuis arrivé ici, jappant avecmal. Pike fit des efforts pénibles. Il est tombé deux fois,tandis que 1/2 deetau 0.33effortcontrôlése lever. Buck n'a pas faittentative. Il est allongé tranquillementdans lequelil était tombé. Le fouet l'a morduune fois de plusetune fois de plus,toutefoisil ne pleurnichait ni ne se débattait. PlusieursinstancesThorntoncommencé, commeAleven pensait parler,toutefois modifiéle sienles pensées. Une humiditéVa là-basdans ses yeux, et,parce que lefouetterpersévéré, il se leva et marcha d'un pas irrésolu de long en large. Cettedevenir le principalfois Buck avait échoué, en soi unassezcauseàpressionHaldroit dans unrage. Il a échangé le fouet contre leadhésion banale. Buck a refusétransporter sousla pluie de coups plus violents qui tombait maintenant sur lui. Comme soncopains, illégèrement capable de se relever,toutefois,contrairement àeux, il avait composé sonles pensées ne sont plusàse soulever. Il avait unindistinctSentiment deà venirperte. Cetteont été robustessur luialors queil s'est garéinstitution financière, et il avaitmaintenant pluss'est éloigné de lui. Qu'en est-il dele maigreet la glace pourrie qu'il avait sentiedessousle sienorteilstoute la journée, ilconsidéréqu'il a senticatastropheprèsà portée de main,accessible au préalable aula glacedans lequelle siensaisirdevenirregarderla pressionlui. Il a refusé de remuer. Alorssignificativementavait-il souffert, etsi longtemps passélui, que les coups ont faitmaintenant ne fait plus de malbeaucoup. Et comme ilspersévérétomber sur lui, l'étincelle demodes de vie à l'intérieurclignota et descendit. Cedevenir presquedehors. Il se sentaitexceptionnellementengourdi. Commequand mêmedeextraordinairedistance, ilprendre consciencequ'ildevenirétantécrasé. Laultimesensations demallaisse le. Ilmaintenant plusfeutrequelque chose,quand mêmetrès faiblement ildevrait écouterlaeffetde laadhésionsur son corps. Mais ildevenir maintenant plusson corps, ilconsidéré jusqu'iciune façon. Et puis, tout à coup,avec prudence, poussant un cri quidevenirinarticulé etplus grand, tout comme lecri d'un animal, John Thornton bondit surla personnequi a brandi leadhésion. Haldevenirprojeté en arrière, commequand mêmefrappéà l'aide de l'utilisationun arbre défaillant. cria Mercedes. Charlesest apparuavec nostalgie, essuya ses yeux larmoyants,toutefoisa faitmaintenant ne plus se lever à cause desa raideur. John Thornton se tenait au-dessus de Buck,souffrir à manipulerlui-même, trop convulsé de rageparler. "Si vous frappez çacanineune fois de plus, je vais te tuer," il àultimecontrôléà mentionnerd'une voix étouffée. "C'est moncanin, répondit Hal en essuyant le sang de sa bouche alors qu'ilje suis revenu. "Sortez de monmanière, ou je vaisréparationtu. Je vais à Dawson." Thornton se levaparmilui et Buck, et n'a démontré aucunobjectif d'avoirhors demanière. Hal a dessiné sonlonguecouteau de chasse. Mercedes a crié, pleuré, ri et manifesté l'abandon chaotique de l'hystérie. Thornton a frappé les jointures de Hal avec lepoinçon-faire face à, frappant le couteau contre lesol. Il a frappé ses doigtsune fois de pluscomme iltentéàchoisirça monte. Puis il se baissa, le ramassa lui-même, et à coupsréduireChevreuilslignes. Hal n'avait pascombatlaissé en lui. D'ailleurs, sonles bras avaient été complets avec sonsoeur, ou sonpalmiers,en tant que substitut;alors quemâledevenir aussifermerêtre deen outreutiliser pour tirer le traîneau. UNcourt instantplus tard, ils se sont retirés duinstitution financièreet en bas de la rivière. Buck les a entendus passeret leva la tête pour voir, Pikedevenirleader, Sol-leksdevenir sur leroue, etparmi avait étéJoe et Teek. Ilsa étéboiteux et titubant. Mercedesdevenir en utilisantle traîneau chargé. Hal guidésur legee-pole, et Charles a trébuchéà côté de l'intérieur de laarrière. Pendant que Buck les regardait, Thornton s'agenouilla à côté de lui et avec unbras regardé endommagédes os. Au moment où sonchercheravait divulguérien de plus grandque de nombreuses contusions et unpaysdehorriblefamine, le traîneaudevenir1 / 4d'un mile de distance. Chien etmecje l'ai regardé ramperaux côtés deau-dessus de la glace. Du coup, ilsremarquésonabandonner à nouveaudéroulant, commedroit dans unrut, et le gee-pole, auquel Hal s'accrochait, s'élança dans les airs. Le cri de MercedesVa là-basà leurs oreilles. IlsremarquéCharlesretourneret faire un pas pour courirencore,après quoi un segment entierde glacemanière de livreretchiotsetpersonnesdisparaître. Un bâillementdevenir creuxtout çadevenirêtrevisible. Laarrièreavait quitté lechemin. John Thornton et Buckvérifié tous les différents. "Tunégatifdiable,"déclaréJohn Thornton et Buck léchèrent sa main.

Pourl'affectiondeune personneQuand John Thorntonglacéle sienftdans leprécédentdécembre soncompagnonslui avait faitconfortableet l'a laissé prendrecorrectement,événementremonter la rivière pour sortir un radeau deremarqué-journaux pour Dawson. Iltransformé en ton néanmoinsclaudicationà peine sur lela fois où il a sauvé Buck,toutefoisavecle climat thermique en coursMême lebéninla boiterie l'a quitté. Et ici,mensonge à traversla rivièreinstitution financièrevialalonguejours de printemps,en regardantlafaire des balladesl'eau, écoutant paresseusement les chants des oiseaux

et le bourdonnement de la nature, Buck lentementreçubas du dosle sienélectricité.
UNrelaxationvientexcellentaprès avoir voyagé3mille milles, et ilbesoin deavouer que Buck devint paresseux à mesure que ses blessures guérissaient,tissus musculairesgonflé, et la chairJe suis arrivé plus basàcapotses os. Pour çarappelles toi, elles ou ilsont ététous paresseux,—Buck, John Thornton, et Skeet et Nig,—en attentele radeaurevenir en arrièrecetransformé en tenirleurtout le long jusqu'àDawson. Skeettransformé en une toucheSetter irlandais qui a fait tôtcopainsavec Buck, qui, dans unla perte de la viecondition,devenu incapableen vouloir à ses premières avances. Elle avait lemédecintrait quiquelques chiotsposséder; et en tant quemamanchat lave ses chatons, alors elle a lavé et nettoyé les blessures de Buck. De façon régulière,tousmatin après avoir eucomplétéson petit déjeuner, elleatteintson autoproclaméemission,jusqu'àilVa là-basàrechercherses soins commeénormémentcomme il l'a fait pour Thornton's. Négro,De

mêmeamical,bien que beaucoup moinsdémonstratif,transformé enunmassifle noircanin,1/2 delimier et1/2 dedeerhound, avec des yeux qui riaient et unexactla nature. Chez Buckmarvelthosepuppiesmanifesté aucune jalousieenverslui. Ilsest apparuàpourcentagela gentillesse et la grandeur de John Thornton. Alors que Buck grandissaitplus puissantils l'ont entraîné dans toutsortes dejeux ridicules,oùThornton lui-mêmene pouvait pass'abstenir de rejoindre; etsur ce stylemâle baisépassant parsa convalescence et dansun tout nouveauexistence. Aimer,correctamour passionné,transformé enson pourle primairetemps. Ce qu'il avaiten aucun cas compétentchez le juge Millerà l'intérieur de laVallée ensoleillée de Santa Clara. Avec les fils du juge,rechercheet le piétinement, ilont étéunen fonctionnementPartenariat; avec les petits-fils du Juge, untype detutelle pompeuse; et avec le juge lui-même, une amitié majestueuse et digne. Mais j'aime çatransformé enfiévreuse et brûlante, quitransformé enadoration, quetransformé enfolie, il avait fallu John Thornton pour la réveiller. Cettemecavaisstockéele sienexistence, quitransformé en quelque chose;toutefois, de plus, iltransformé en la bonne prise. Autreles gars ont remarquéau bien-êtredans leurs chiotsdese sentirdeobligationetentrepriseopportuni té; ilremarquéau bien-être de sescomme sielles ou ilsont étéle sienpersonnelenfants,dû au faitiln'a pas pu t'aiderce. Et ilremarquéplus loin. Ilen aucun casoublié une salutation aimable ou un mot d'encouragement, ets'asseoirvers le bas pourune communication étendueavec eux ("gaz" ilconnu commece)transformé encommeénormémentle sienOrgueilcomme le leur. Il avait unmanièrede prendre la tête de Buckplus ou moins entrele siendes doigts, et reposant sonpersonneltête sur Buck, de le secouerva et vient, laalors quel'appelantmaladenomme ça à Buckont éténoms d'amour. Buck ne savait pasplus de plaisirque çainclure duret le son des jurons murmurés, et àtoussecousseva et vientceest apparuc'est le sienle coeur pourraitêtre secoué de sonCadrealorsextraordinairetransformé enson extase. Ettandis que, libéré, il sauta sur sonpi, sa bouche rieuse, ses yeux éloquents, sa gorgecoloréavec un son inexprimé, et en celastylerestéavec émotion, John Thortonpourraits'exclamer avec révérence : « Dieu !vous pourrieztouttoutefoisparle!" Buck avait un tourd'affectionexpression quedevenu semblable àblesser. Ilpourrait fréquemment capturerLa main de Thornton dans sa bouche età proximitési farouchement que la chair portait legalvaniserde sondentpourquelque tempsaprès. Et comme Buck a compris que les serments étaient de l'amourphrases, alorsla personnecompris ce feintmâcherpour une caresse. Pour lemaximumpartie, cependant, l'amour de Bucktransformé enexprimée en adoration. Alors qu'il se déchaînait de bonheurtandis queThornton l'a touché ou lui a parlé, il l'a faitmaintenant ne cherche plus ceuxjetons. Contrairement à Skeet, quitransformé enl'habitude de la bousculernarine en dessousLa main de Thornton et le coup de coude et le coup de coudejusqu'àcaressé, ou Nig, quipourraittraquer etrelaxationle sienextraordinairela tête sur les genoux de Thornton, Bucktransformé en contenuadorer à distance. Ilpourraitmentirà traversl'heure, avide, alerte, chez Thorntonpi,recherchejusqu'à son visage,résidantdessus,en cours d'analyseil, suivant avec le plus vifpasse-tempsexpression fugace,chaque mouvementoualternerde fonctionnalité. Ou, commela menace serait peut-êtrel'avoir, ilpourraitmentir plus loin, aufacetteou arrière,en regardantles contours dela personneet occasionnellementse déplacede sonCadre. Etfréquemment, teltransformé enla communionoùils vivaient, leélectricitédu regard de Buckpourraitdessiner la tête de John Thorntontour, et ilpourrait revenir en arrièreLe regard,sans pour autantdiscours, soncoeur coronairebrillant de ses yeux comme Buckcoeur coronairea brillé. Pour unlong termeaprès son sauvetage, Buck a faitmaintenant pluscomme Thornton pour sortir de sa vue. Del'instantil a quitté la tente pourtandis queil y est entréune fois de plus, Mâlepourrait se conformer àà ses trousses. Le sienbrefmaîtrisecompte tenu du fait queil était venu dans le Northland avait élevé en lui uninquiétudequ'aucunsaisir peut êtrepermanent. Iltransformé enpeur que Thorntonpourrait être ignoréhors de sonexistencecomme Perrault et François et le Scotch1/2 de-la race avaitremisdehors. Mêmeà l'intérieur de lala nuit, dans ses rêves, iltransformé enhantéà traverscetteinquiétude. À telinstancesilpourraitsecouer le sommeil et ramperpassant parlaDétendez-vousau rabat de la tente,dans lequelilpourraitdebout etconcentréau son de sasaisirrespire. Maisen dépitcetteextraordinairel'amour qu'il portait John Thornton, quiest apparupour dire leoffreinfluence civilisatrice, lastresserdu primitif, que le Northland avait suscité en lui, restait vivant et actif. Fidélité et dévouement,questionsné defoyeret toit,ont étéle sien;maisil a conservé sa sauvagerie et sa ruse. Iltransformé enunélémentdu sauvage,sont disponibles dansde la natures'asseoir en basde John Thorntonfoyer,de préférence àuncaninde laoffreSouthland estampillé des marques de générations de civilisation. A cause de sa trèsextraordinaireJe l'aimene pouvait pas volerde çamec,toutefoisdetous les autres gars, danstous les autrescamp, il a faitmaintenant plushésiter unsur place;alors quelaruséavec laquelle il volait lui a permis deéclaterdétection. Son visage etle cadre a étémarquéà traversladentde nombreuxchiots, et il a combattu aussi férocement que jamais etEn plusastucieusement. Skeet et Nigont étéaussiexact-naturé pour se quereller,—en plus, ils appartenaient à John Thornton;cependant l'extraordinairecanine,outre le fait quequelle est la race ou la valeur,raconté à la hâtela suprématie de Buck ouobservélui-mêmeSouffrancepourexistenceavec unhorribleantagoniste. Et Bucktransformé ensans merci. Il avaitdécouvert correctementlarégulationdeadhésionet croc, et ilen aucun casrenoncéun bonusou a dessinélombesd'un ennemi qu'il avaitcommencé de la manièreà mort. Il avait appris de Spitz, et de lachefprévenirleschiotsde la police et du courrier, et savaitil y a eunoncentrecours. Ilbesoin de saisirou être maîtrisé;tout en exposantmiséricordetransformé enune faiblesse. La miséricorde a faitmaintenant plusexisterà l'intérieur de laprimordialexistence. Cetransformé enmal compris pourinquiétude, et de tels malentendus faits pour la mort. Tuer ou être tué,dévorerou être mangé,transformé enlarégulation; et ce mandat, descendu des profondeurs du Temps, il obéit. Iltransformé enplus âgé queles tempsil avaitvisibleet les respirations qu'il avait tirées. Illiélaau-delàavec le présent et l'éternitéà l'arrière deil palpitaitpassant parlui dans unpuissantrythme auquel il se balançaitparce que leles marées et les saisons oscillaient. Il s'est assisà traversde John Thorntonfoyer, une poitrine largecanin, à crocs blancs etlongue-à fourrure ;cependant à l'arrière deluiont étélalunettes de soleilde toutfaçondechiots,1/2 de- loups et loups sauvages,pressageet incitant, goûtant leprendre plaisir àdele boeufil mangeait, assoiffé de l'eau qu'il buvait, sentant le vent avec lui, écoutant avec lui et lui racontant les sons émisà traversle sauvageexistence à l'intérieur du boisé, dictant ses humeurs, dirigeant ses actions,mendicité jusqu'àcoucher avec luitandis queil se coucha, et rêvant avec lui etpassélui etse transformer eneux-mêmes l'étoffe de ses rêves. Donc péremptoirementces lunettes de soleillui faire signe, quetous les joursl'humanité et les revendications de l'humanité ont glisséplus loin delui. Profondà l'intérieur de la zone boiséeunnom transformé enretentissant, et commefréquemmentcomme il a entendu çaNom, mystérieusementintéressantet leurre, il sentitpressé de montrerle sienlombessurle foyeret lesubmergéla terretourelle, et plonger danszone boisée, et ainsi de suite, il savaitmaintenant plus dans lequelou pourquoi; il n'a pas non plussurprise dans laquelleou pourquoi,la décisionsonnant impérieusement, profondà l'intérieur de la zone boisée. Mais commefréquemmentcomme ila gagnélaoffreterre intacte et lainexpérimentéombre,l'affectioncar John Thornton l'a dessinélombesàle foyer une fois de plus. Thorntontout seultient le. Larelaxationde l'humanitétransformé encomme rien.

Chanceles invités pourraient peut-être récompenserouchiotlui;toutefoisiltransformé en sang en dessoustout ça, et d'un côté trop démonstratifmecilpourrait se leveretflânerune façon. Quand Thornton estcompagnons, Hans et Pete, sont arrivésà la longue-préditradeau, Buck a refusé deRemarqueleurjusqu'àildécouvertelles ou ilsont été prochesThorton ; après cela, il les a tolérés d'une manière passivegenre de manière, acceptant leurs faveurs commequand mêmeilpréféréleurà traversacceptant. Ilsont étéde lagenre massif égalcomme Thorton,résidant à proximitéLa terre,questionner sincèrementet voir clairement; et avant qu'ils ne balancent le radeau dans lemassiftourbillonà traverslaremarqué-moulin à Dawson, ils ont compris Buck et ses manières, et ont faitmaintenant plusinsister sur une intimitécomposé d'acquisavec Skeet et Nig. Pour Thornton, cependant, son amourest apparuàdévelopperetdévelopper. Il,par moi-même parmi les gars,devrait être positionnéunpour centchez Buckbas du dos pendant la saison estivaleen voyageant. Rientransformé enaussiextraordinairepour que Buck le fasse,tandis queThornton a commandé. Un jour (qu'ils auraientgrub-staked du produit du radeau et a quitté Dawson pour les eaux d'amont du Tanana) leles mecsetles chiots ont étéséanceaucrête d'une falaise qui s'est effondrée,immédiatementvers le bas, ànusubstrat rocheux3centpied sous. John Thortontransformé enséanceproche dele bord, Buck à son épaule. UNinconsidérécaprice saisit Thornton, et il tiral'oeilde Hans et Pete autestil avait en tête. « Saute, Buck ! ordonna-t-il en balayant son bras par-dessus le gouffre. Laensuite sur le spotaneousiltransformé enaux prises avec Buck surl'aigubord,alors queHans et Peteont étéles traînantlombesen sécurité. "C'est étrange", Petedéclaré, après çatransformé enplus deet qu'ilsavaisbloquéleur discours. Thorton secoua la tête. "Non,c'est formidable, etc'est horrible, aussi. Est-ce que vousreconnaître, cede temps à autreme fait peur." "Je suismaintenant plusenvie d'êtrela personnequi posedes doigtssur toipendant qu'il est là, " Peteintroduitdéfinitivement en hochant la têteenversMâle. « Py

Jingo ! »transformé enL'apport d'Hans. "Pas moi non plus." Cetransformé enà Circle City, avant letu es devenudehors, que les appréhensions de Peteont étéréalisé. "Black" Burton,une personnemalicieux et malicieux,ont choisiune querelle avec un pied sensiblesur lebar,tandis queThornton a fait un pasexact-naturellementparmi. Buck, commetransformé ensa coutume,transformé en mendicitédans un coin, la tête sur pattes,en regardantle siensaisirc'estchaqueaction. Burton a frappé,sans pour autantAttention,immédiatementde l'épaule. Thorntontransformé en expéditionfilature, etstockéelui-même de tomberle plus simpleserrant le rail de la barre. Ceux quiont cherchésur entendu quoitransformé enni aboiement ni cri,toutefoisunquelque chose d'exceptionnel définicomme un rugissement,et qu'ils ont remarquéChevreuilspoussée vers le hauten hautà l'intérieur de lal'air alors qu'il quittait leterrainpour la gorge de Burton. Lagarsstockéle sienl'existence à traverstendant instinctivement le bras,cependant transformé enprojeté en arrière vers leterrainavec Buck sursommetde lui. Buck a perdu sondentde la chair du bras et a enfoncéune fois de pluspour la gorge. Ce tempsla personneréussile plus simpledanspartiellementblocage, et sa gorgetransformé endéchiré ouvert. Alorsle gang est devenusur Buck, et iltransformé en pousséà l'arrêt;cependant alors queunprofessionnel de santéarrêta l'hémorragie, il rôda de long en large en grognant furieusement,essayerse précipiter et êtreretour inférieur sous pressionun étalage deantagonisteclubs. Une « réunion de mineurs »,connu sous leendroit,déterminéque lecaninavaissuffisantprovocation, et Bucktransformé endéchargé. Mais sonla popularité s'est transformée enfait, et à partir de ce jour sonappelerdéplierviachaquecamper en Alaska. Plus tard,à l'intérieur de lachute de laan, ilstockéede John Thorntonexistencedansjoli autre style. La3compagnonsont étéDoublureune extensionetminceun bateau à la percheterribleétendue de rapidesauForty-Mile Creek. Hans et Pete ont déménageaux côtés delainstitution financière, snober avecun maigreCorde de manille d'arbre en arbre,alors queThornton est restéà l'intérieur de labateau,assistantsa descenteen utilisantun poteau, et criantdes instructionsà la rive. Mâle,à l'institution financière,impliquéeet anxieux,stockéeà la hauteur du bateau, ses yeuxen aucun cassur sonsaisir. Àparticulièrement horribleendroit,dans lequelun rebord delégèrementrochers submergés s'avançant dans la rivière, Hansrepousserla corde, et,alors queThornton a lancé le bateau dans lemouvement, a dévalé leinstitution financièreavec lemener àsa main pour snober le bateautandis queil avait franchi la corniche. C'est ce qu'il a fait, ettransformé envoler vers le bas-mouvementdans unaujourd'huicommevitecomme une course de moulin,tandis queHans l'a vérifié avec la corde et a vérifié trop soudainement. Le bateau a flirté et s'est snobé dans leinstitution financièreen haut,alors queThornton, jeté hors de lui,transformé enemporté vers le bas-mouvement versle pireune partie deles rapides, un tronçonde sauvagel'eauoùpas de nageurdevrait rester. Buck avait fait irruptionsur le coup; età la finde3cent yards, parmi un tourbillon fou de l'eau, il a révisé Thornton. Quand il l'a sentitenir prèssa queue, Buck se dirigea vers leinstitution financière, nageant de tout sonformidableélectricité. Mais ledéveloppementvers le rivagetransformé enlent; ladéveloppementvers le bas-mouvementétonnammentvite. Desubi icilamortelrugissementdans lequelle sauvageaujourd'huiest devenu plus sauvage ettransformé en bailen lambeaux et en aérosolà traversles rochers qui poussentviajuste comme la dentd'unconsidérablepeigne. La succion de l'eauparce qu'ilont prisle débutde lafermeturepas raidetransformé eneffrayant, et Thornton savait que le rivagedevenu impossible. Il racla furieusement un rocher, contusionnéà traversun2ème, et frappéun 3èmeavec écrasementpression. Il a agrippé son glissantsommetavecchaque doigt,libérationBuck, et au-dessus du rugissement de l'eau bouillonnante cria : "Allez, Buck ! Allez !" mâlene pouvait pas préserverle sienpersonnel, et a balayé vers le bas-mouvement,Souffrancedésespérément,c ependant pas en mesuregagnerlombes. Lorsqu'il entendit répéter l'ordre de Thornton, ilpartiellementcabré hors de l'eau, la tête haute, commequand mêmepour unfermetureregarde alorsgrandi pour devenirdocilementenverslainstitution financière. Il nageait puissamment ettransformé entraîné à terreà traversPete et Hanssur letrèsfacteur dans lequella natation a cessé d'êtreviableet destructioncommencé. Ils savaient que le tempsune personne devrait todangleà un rocher glissantà l'intérieur de lavisage de çaéquitationaujourd'huitransformé enunrappelles toide minutes,et qu'ilsa couru commerapidecommeils pourraienten haut deinstitution financièredans une certaine mesureà une certaine distanceau dessusdans lequelThorntontransformé en entréesur. Ilsconnectéla routeavec laquelle ilsont étésnobant le bateau au cou et aux épaules de Buck, étantprudentqu'ildevoirni l'étrangler niobstruersa natation, etpubliélui dans lemouvement. Il frappa hardiment,cependantmaintenant ne suffit plus immédiatementdans lemouvement. Ilobservé l'erreurtrop tard,tandis queThorntontransformé enà sa hauteur et unnu1/2 de- une douzaine de coupsalors queiltransformé enêtre porté impuissantau-delà. Hansdirectementsnobé avec la corde, commequand mêmemâleont étéun bateau. La cordepar conséquentse serrer contre luià l'intérieur de labalayage duaujourd'hui, iltransformé ensecouédessouslasol, etdessouslasolil est restéjusqu'àle sienCadrefrappéenverslainstitution financièreet iltransformé entiré. Iltransformé en 1/2 denoyé, et Hans et Pete se sont jetés sur lui, martelant le souffle en lui et l'eau hors de lui. Il chancela jusqu'à sonpiet est tombé. Le faible son de la voix de ThorntonVa là-basà eux, etquand mêmeelles ou ilsne pouvait pasdistinguer lephrasesde cela, ils savaient qu'iltransformé endans son extrémité. Le siensaisirla voix de agissait sur Buck comme unélectriquechoc, il a sauté sur sonpiet a couru leinstitution financière au préalablede lales mecsaufacteurde sonprécédentDépart. Encore la cordedevenu connectéet iltransformé en libéré, etune fois de plusil a frappé,toutefoiscette foisimmédiatementdans lemouvement. Il avait mal calculé une fois,toutefoisilne pouvait plusêtreresponsablede celui-ci un2èmetemps. Hans a payé la corde,en permettantpas de mou,alors quePierrestockéecenettoyerde bobines. mâleaccroché jusqu'àiltransformé ensur une ligneimmédiatementau-dessus de Thornton ; Puis ilgrandi pour devenir, et avecLe tauxd'unenseignement spécifiquese dirigea vers lui. Thorntonremarquélui venir, et, comme Buck le frappait comme un bélier, avec lepression totalede laaujourd'hui à l'arrière delui, il tendit la main et ferma avecchaque doigt à travers lecou hirsute. Hans a snobé la cordeà traversarbre, et Buck et Thorntonont étésecouédessousl'eau. Étrangler, étouffer,de temps à autreun supérieur etde temps à autrel'autre, traînant sur le déchiquetéarrière, brisantenversrochers et chicots, ils ont viré vers leinstitution financière. ThorntonVa là-basà,estomacvers le bas et être violemment propulséaller et retour tout au longuncoulerJournalà traversHans et Pete. Son premierregard transformé enpour Buck, dont la boiterie etcadre apparemment inutileNègretransformé enun hurlement,alors queSkeettransformé enlécher lehumidevisage et yeux fermés. Thorntontransformé enlui-même meurtri et battu, et il est alléavec prudencesur BuckCadre,tandis queilont été livrés,localiser3endommagétravers de porc. "Cela règle la question", a-t-ilintroduit. "Nous camponscorrectici." Et ils campèrent,jusqu'àLes côtes de Buck tricotées et ildevenu capable devoyager. Cet hiver-là, à Dawson, Buckprofité de,maintenant plussi héroïque, peut-être,cependant celui qui s'est positionnéle sienappelde nombreuses encochesmieux à latotem de la renommée de l'Alaska. Cetteprofiter de rendu particulièrement agréableau3gars; car ils se tenaient dansvouloirde la tenue qu'il a fourni, etont étépermis de faireune extension-voyage favorisédans l'Orient vierge,dans lequelles mineurs avaientmaintenant plus mais considéré. Cetransformé enlivré environ parunéchange verbal au sein duSalon Eldorado,où les garsciréprétentieux chez leurs chiots préférés. Mâle,à cause deson dossier,transformé enlaobjectifpourCes gars, et Thortontransformé en pousséfermement àbouclierlui. Auquitterde1/2 deune heure uneles gars ont ditc'est le siencaninedevrait commencerun traîneau avec5centkiloetflâneren finir avec ça ; un2èmevanté600pour soncanin; etun 3ème,700. « Bah ! Bah ! »déclaréJohn Thorton; "Buck peutcommencer un millier de kilos." "EtdégâtsIT out? etflâneravec ça pour100verges ? » demanda Matthewson, un Bonanza King, l'un des700vanter. "Etdégâtsle sortir, etflâneravec ça pour100verges", John Thorntondéclaréfroidement. "Eh bien," Matthewsondéclaré, lentement et délibérément, doncque chacun devraitentendre, "j'aiont reçu mille billets verts qui annoncentil ne peut pas. Et làc'est loin." En disant cela, il a claqué un sac d'orsaletédeL'échelled'une saucisse de Bologne sur le bar. Personne ne parlait. Le bluff de Thornton, si le blufftransformé en,ont été connus comme. Ildevrait expérimenterune bouffée deChaufferdu sang coulant sur son visage. Sa langue l'avait trompé. Il a faitmaintenant ne reconnaît plus si oui ou nonmâledevrait commencer un millier de kilos. Une demi-tonne ! L'énormité de celui-ci l'épouvantait. Il avaitreligion extraordinairechez Buckélectricitéet avaitfréquemmentidéeluicapable de commencer un telcharger;cependant en aucun cas, comme maintenant, avait-ilconfrontélaoccasiond'elle, les yeux d'une douzaineles garsconstantsur lui, silencieux et attendant. De plus, il n'avait pas millebillets verts; pas plus que Hans ou Pete. "J'aiont reçuun traîneaustatut à l'extérieurmaintenant, avec vingt sacs de farine de cinquante livres dessus, poursuivit Matthewson avec une franchise brutale.ne permettent pasceempêchervous." Thornton a faitmaintenant plusRéponse. Il a faitmaintenant ne reconnais plusquoi dire. Il jeta un coup d'œil detête à tête à l'intérieur duabsentmanièredeune personnequi aégarélaénergiedeidéeet estchercher quelque partàLocaliserlaélément en vue de commencerça vaune fois de plus. Le visage de Jim O'Brien, un Mastodon King et ancien camarade,bloquéses yeux. Cetransformé encomme un signal pour lui, semblantévoquerqu'il fasse ce qu'ilne pourrait en aucun casont rêvé de faire. "Pouvez-vous me prêtermille?" Il a demandé,presquedans un murmure. "Bien sûr,"a réponduO'Brien, battant un sac pléthoriqueà traverslafacettede Matthewson. "Pourtantc'estpeula religionJ'ai, John, que la bête peut faire l'affaire." L'Eldorado vida ses occupants dansla route à regarderle test. Les tablesont étédéserte, et leles vendeurset gardes-chasseVa là-basen avantregarderlarésultats finauxde ladevineretmettrechances. Plusieurs centainesles mecs, fourrure et mitaines, en banqueà traverstraîneauà l'intérieurlissedistance. Le traîneau de Matthewson, chargé deun millier de kilosde farine,ont été statutpourplusieursheures, et dansl'aigu sans effusion de sang(cetransformé ensoixanteen dessous dezéro) les coureurs avaient gelérapideaudure-neige tassée. Hommesprésentéchances deune quimâlene pouvait pasbougez le traîneau. Une chicane a surgiEn ce qui concernelamot"dégâtsout." O'Brien a soutenu qu'iltransformé enLe privilège de Thornton de faire tomber les coureurs, laissant Buck "dégâtsle sortir" d'uninutilearrêt. Matthewson a insisté sur le fait quecouvert de motsbriser les coureurs de l'emprise gelée de la neige. Une majorité desles mecsqui avait assisté à la fabrication dupari déterminéen sa faveur, oùles occasionsest montéà 3à au moins unversMâle. Làont étépas de preneurs. Pasune personnele croyaitcapable del'exploit. Thorntonont été déplacés rapidementdans ledeviner, lourd de doute ; et maintenant qu'ilvérifiéle traîneau lui-même, le fait concret, avec legroupe ordinairesouventchiotsrecroquevilléà l'intérieur de laneigerPlus tôt queça, leextrapas possiblelaaffectationconsidérée. Matthewson jubilait. "Troisà au moins un!" proclama-t-il. "Je vais te coucherun autremille à ce chiffre, Thornton. Qu'est-ce que tu en dis?" Le doute de Thorntondevenu robustedans son visage,toutefoisle sienempêcheresprittransformé enexcité - leempêcheresprit qui plane au-dessus de toute attente, ne parvient pas àcomprendrelapas possible, et est sourd à toutmagasinla clameur du combat. Ilconnu commeHans et Pete à lui. Leurs sacsont étémince, etavec son personnella3compagnonsrâteaucollectiv ementle plus simplecentbillets verts.

Dans le refluxdans leursfortunes, cette sommetransformé enleurglobalementCapitale;maisils l'ont posé sans hésiterenversde Matthewson600. Lagroupesouventles chiots sont devenusdételé, et Buck,avec son personnelharnais,s'est positionnédans le traîneau. Il avaitbloquéla contagion de l'excitation, et il sentitque pendant quelques manièresilbesoin defait uneélément extraordinairepour John Thorton. Murmures d'admiration à sonsuper lookest monté. Iltransformé endansmeilleurcondition,avec plus d'une once.de chair superflue, etle seulcent cinquantekiloqu'il pesaitJ'ai fait tant de kilosde courage et de virilité. Le sienpoilumanteau brillait avec l'éclat de la soie. Dans le cou età traversles épaules, sa crinière, au reposparce que c'est devenu,1/2 dehérissé etsemblé souleveravecchaque mouvement, commemême siextradePuissancefabriquéchaque uniquecheveux vivants et actifs. Laextraordinairepoitrine et pattes avant lourdesont éténonEn plusque danspourcentageavec lerelaxationde laCadre,dans lequellatissus musculairesconfirméen rouleaux serrésen dessous dela peau. Les hommes se sentaientces tissus musculaireset les a proclamésdurecomme le fer, etles occasionsest descenduà 2à au moins un. « Merde, monsieur ! Merde, monsieur ! bégaya un membre duaujourd'huidynastie, un roi des Bancs Skookum. "JEapportertu8cent pour lui, monsieur,Plus tôt quele test, monsieur;8centsimplementcomme il se tient. » Thornton secoua la tête et s'avança vers Buck.facette. "Tubesoin deéloignez-vous de lui », a protesté Matthewson. « Jeu libre etmassesde chambre. » La foule se tut ;le plus simple peut êtreentendu les voix des joueurs en vainprésenter à au moins un. Tout le monderacontéBuck unéblouissantanimal,toutefoisvingt sacs de farine de cinquante livres gonflés aussimassif de leuryeux pour qu'ils desserrent les cordons de leur poche. Thornton s'agenouillaà traversChevreuilsfacette. Il a pris sa tête dans sondes doigtset reposé joue contre joue. Il a faitmaintenant plussecouez-le joyeusement, commetransformé enson habitude, ou murmureoffrel'amour maudit;toutefoismurmura-t-il à son oreille. "Commevous aimezmoi, Bouc. Commevous aimezmoi,"transformé ence qu'il a chuchoté. Buck gémit avec un empressement réprimé. La fouletransformé en regardantavec curiosité. L'affairetransformé en développementmystérieux. Ceest apparucomme une conjuration. Comme Thorntonont reçuà sonpi, Buck saisit sa main mitaineparmises mâchoires,urgentdansavec histoothetlibérationtout doucement,1/2 de-à contrecœur. Cetransformé enla réponse, en termes,maintenant plusde la parole,cependant d'affection. Thornton a fait un pascorrectement bas du dos. "Maintenant, Buck," ildéclaré. Buck a resserré lelignes, puis les a relâchés pendant unrappelles toidenombreuxpouces. Cetransformé enlamanièreil avaitdécouvert. "Géé !" La voix de Thornton retentit, forteà l'intérieur du troublantle silence. Buck se tourna vers lecorrect,finitionlamouvementdans un plongeon qui a pris le relais et avec unsurprenantconnard a arrêté soncentet cinquantekilo. La charge trembla, et dedessousles coureurs ont surgi un crépitement croustillant. "Aubépine!" Thornton a commandé. Buck a reproduit la manœuvre, cette fois vers la gauche. Le crépitementchangé enun claquement, le traîneau pivote et les patins glissent et grincentnombreuxpouces à lafacette. Le traîneautransformé en endommagédehors. Hommesont été conservésleurs respirations, intensémentsubconscientEt en fait. « Maintenant, MUSH ! » L'ordre de Thornton retentit comme un coup de pistolet. Buck s'est jetéen avant, en serrant lelignesavec une fente discordante. Le siencadre entier transformé en collectéde manière compactecollectivement à l'intérieur de là remarquableeffort, letissus musculairesse tordant et se nouant commestaymattersbeneathla fourrure soyeuse. Le sienextraordinairepoitrinetransformé enau ras du sol, la têteen avantet en bas,alors quele sienj'ai étévolant comme un fou, les griffes cicatrisant ledure-neige tassée dans des rainures parallèles. Le traîneau se balançait et tremblait,1/2 de-commencé avant. L'un de sespiglissé, et unmecgémit à haute voix. Puis le traîneau a fait une embardéepréalablementen quoiconsidéréunvitesuccession de secousses,quand mêmeceen aucun cas vraiment arrivé icià uninutileforêtencore une fois...1/2 deun pouce... un pouce... des pouces... Les secousses diminuèrent sensiblement ;parce que letraîneaua gagnéélan, ilbloquéeux,jusqu'àces'est transformé progressivement en évolution. Les hommes haletaient eta commencé à respirer une fois de plus, ignorant que pour undeuxième qu'ils avaienta cessérespirer. Thorntontransformé en promenades à l'arrière de, encourageant Buck avec des mots courts et joyeuxphrases. La distanceont étémesuré, et alors qu'il s'approchait du tas de bois de chauffage qui marquait lequitterdes cent mètres, une acclamationcommencéàdévelopperetdé velopper, qui a éclatédroit dans unrugir comme ilremisle bois de chauffage et s'est arrêté au commandement. Tousmec s'est transformé ense déchirer, même Matthewson. Bonnets et mitainesont étéen volantà l'intérieur de laair. Hommesont ététremblementdes doigts, ça faisaitmaintenant ne me souviens plusavec qui, eteffervescentplus dans unbranchéBabel incohérent. Mais Thornton tomba à genoux à côté de Buck. Têtetourné verstête, et iltransformé enle secouantva et vient. Ceux quidéplacé rapidementl'entendit maudire Buck, et il le mauditlongueet avec ferveur, et doucement et avec amour. « Merde, monsieur ! Merde, monsieur ! bredouilla le roi du Skookum Bench. "Maladevenir avec millepour lui, monsieur,mille, monsieur... douze cents, monsieur." Thornton se levapi. Ses yeuxont été humides. Les larmesont étécoulant franchement sur ses joues. "Monsieur", ildéclaréau roi Skookum Bench, "non, monsieur. Vous pouvezvisitel'enfer, monsieur. C'est leexceptionnelJe peux faire pour vous, monsieur. » Buck saisit la main de Thornton dans sadent. Thornton l'a secouéva et vient. Commealeven sivivant à traversunlieu pas inhabituelimpulsion, les spectateurs ont attirélombesàun déférentdistance; niont étéelles ou ilsune fois de plusindiscretsuffisantinterrompre.

www.ingramcontent.com/pod-product-compliance
Lightning Source LLC
La Vergne TN
LVHW012102160826
845678LV00014B/2903